GRAMMAIRE

DE LA

LANGUE MALAYE

OU MALAISE

PAR ALFRED TUGAULT

ANCIEN ÉLÈVE DE L'ÉCOLE IMPÉRIALE, DES LANGUES ORIENTALES

MEMBRE DE LA SOCIÉTÉ ASIATIQUE

Prix : 5 francs

PARIS

IMPRIMERIE DE VICTOR GOUPY

Rue Garancière, 5.

1868

GRAMMAIRE

DE LA

LANGUE MALAYE

OU MALAISE

PAR ALFRED TUGAULT

ANCIEN ÉLÈVE DE L'ÉCOLE IMPÉRIALE DES LANGUES ORIENTALES

MEMBRE DE LA SOCIÉTÉ ASIATIQUE

PARIS

IMPRIMERIE DE VICTOR GOUPY

Rue Garancière, 5.

—

1868

TABLE DES MATIÈRES

INTRODUCTION. 1

SONS de la langue malaye. 23

De la JUXTAPOSITION. 28

Manières d'exprimer le masculin, le féminin et le pluriel. 28

Adjectifs pronominaux *ini*, *itu*.. 29

PRONOMS PERSONNELS (1er §). 30

Pronoms possessifs; *puña*. 33

Du VERBE. 34

Négation (particule *ti* ou *ta*, ou *tra*). 36

Interrogation. Régimes des verbes. 37

Di et *Ka*, prépositions de lieu. 38

PARTICULES AFFIXES : suffixe *lah ; pûn*. 39

Suffixes *kah* et *tah*. 40

Préfixe *me* ou *meng*.. 41

Suffixes *i* et *kan*. 43

Préfixe *di*; forme *di-ña*. 45

Préfixe *ter*. 46

Préfixe *ber*. 47

Suffixe *an*. 48

Préfixe *ka*. 50

Préfixe *pe* ou *peng*. 51

Préfixe *per*; forme *diper*. 52

Préfixe *sa* ou *se*; suffixe *ña* adverbial. 53

DE LA RÉDUPLICATION. 55

NOMS DE NOMBRES. 58

Des numérales. 61

PRONOMS personnels (2ᵉ §). 63

— réfléchis (*diri*). 64

— relatifs, absolus, indéfinis, etc. 65

Comparatifs et superlatifs; *dèri, dèri padu*. 69

Conjonctions et adverbes redondants. 70

Remarques sur quelques noms formés par juxtaposition
et sur les noms de temps. 72

DES STYLES ET DES DIALECTES. 75

Système graphique arabe-malay. 79

— — javanais. 87

Exercices de lecture. 92

INTRODUCTION

La partie de l'Océanie comprise entre le continent austral et les côtes de la Chine et de l'Indo-Chine est désignée, tantôt sous la dénomination d'*archipel asiatique* ou *indien*, tantôt sous celle de *Malaisie*, du nom de la principale nation qui en occupe le sol. La race malaise est, en effet, sinon la plus nombreuse, du moins la plus répandue dans cet archipel, et elle y a joué le rôle le plus actif. Doués d'un caractère aventureux et entreprenant, adonnés au commerce et à la navigation, les Malais ont longtemps considéré comme leur domaine cette partie du monde maritime ; ils l'ont sillonnée de leurs navires, s'établissant sur les côtes et à l'embouchure des rivières, partout où il y avait un commerce à faire, une industrie à exercer, et leur idiome, doux et facile à apprendre, devint d'un usage général dans ces contrées.

Déjà, au VIIIe siècle, d'après le témoignage du géographe arabe Edrisi, leurs navires abordaient à Sofala, sur la côte orientale d'Afrique, où ils achetaient du fer qu'ils allaient revendre sur la côte de Malabar. Ce commerce se continua jusqu'à la fin du XVe siècle, époque où l'arrivée des Européens dans les mers des Indes et de la Chine le détruisit entièrement. Ce fut alors que les Malais commencèrent à se livrer à la piraterie.

L'île de Sumatra semble avoir été le berceau de leur nationalité ; c'est sur cette grande terre qu'ils commencèrent à prendre place parmi les peuples d'Orient, et que florissait, plusieurs siècles avant la fondation de Malacca, l'empire de Menangkabaw ; c'est de Sumatra que partit, en 1160, l'émigration qui s'étendit sur la péninsule, et lui valut le nom de *tánah malayu* (terre malaise). Au delà des premiers siècles de notre ère, l'histoire des Malais se perd dans des traditions qui n'offrent plus aucun caractère d'authenticité, et la philologie seule peut nous guider dans la recherche de l'origine de cette race et dans l'étude des rapports qui la rattachent aux autres peuples de l'Océanie.

Si l'on considère dans leur ensemble les innombrables tribus qui habitent le monde maritime, on trouve qu'elles peuvent être ramenées à deux types principaux : la race jaune et la race noire. Au type noir appartiennent les populations du continent austral, de la Nouvelle-

Guinée et des îles voisines comprises dans la Mélanésie, ainsi que les tribus sauvages qui occupent la partie montagneuse des Philippines, de Sumatra et de la péninsule de Malacca. Il est permis de supposer que cette race, sortie d'Afrique, donna à l'Océanie ses premiers habitants, et qu'elle fut chassée de l'archipel indien ou refoulée dans l'intérieur des terres par la race jaune. D'où venait cette dernière ? De l'Asie orientale, probablement; mais si l'on ne sait rien de positif à cet égard, l'étude comparée des idiomes océaniens permet du moins d'affirmer que tous les peuples du monde maritime, autres que les noirs, sont sortis d'une souche unique qui, modifiée par les influences du climat et du sol, a donné naissance à de nombreuses variétés. Les savantes recherches de Marsden, Crawfurd, Leyden, Raffles, W. de Humboldt et Ed. Dulaurier ont, en effet, prouvé qu'il existe dans tout le monde océanique un système de langues unies entre elles par de nombreuses affinités et issues d'une souche commune ; ces langues ont été rangées par W. de Humboldt en cinq grands rameaux : le premier comprend le malay (1) et le javanais; le

(1) Les géographes écrivent « peuple *malais*, péninsule *malaise* » et « idiome *malai*, littérature *malaie;* » c'est également l'orthographe admise par le dictionnaire de l'Académie. M. Dulaurier et d'autres savants linguistes rejettent absolument le mot

deuxième la langue de l'île Célèbes; le troisième, celle de Madagascar; le quatrième, les langues des Philippines et de l'île Formose, et le cinquième, celles de la Polynésie orientale, dont les principales sont les dialectes des îles Tonga, Hawaii ou Sandwich, de la Nouvelle-Zélande et de Taïti. Moins complètes, moins perfectionnées que les idiomes indo-européens, elles sont de beaucoup supérieures aux langues monosyllabiques qui n'ont, comme le chinois, que des règles de position. Parmi ces langues océaniennes, il en est deux plus importantes que toutes les autres, car elles sont la clef du système entier et en forment la base ; ce sont le malay et le javanais. « Elles offrent trois périodes de forma-
« tion marquées par l'influence des trois systèmes de
« civilisation qui ont dominé tour à tour dans l'archipel
« indien. Le premier est celui qui se développa parmi
« cette race d'hommes qui a étendu ses migrations et
« sa langue depuis Madagascar jusqu'aux derniers ar-
« chipels du grand Océan. Un voile épais, que la science
« est impuissante à soulever, couvre le berceau où elle

« malais » et écrivent « peuple *malay,* langue *malaye,* » tout en conservant le nom *Malaisie.* Afin de concilier l'opinion des philologues *malayistes* avec l'orthographe et le langage généralement admis, j'ai adopté le mot « *malay* » pour tout ce qui a rapport à la langue *malayu,* et je continuerai d'écrire « un *Malais,* une coutume *malaise.* »

« est née; néanmoins, l'analogie qui semble exister en-
« tre sa conformation physique et le type qui caracté-
« rise les peuples du centre et de l'est de l'Asie, pourrait
« conduire à supposer que c'est de ce vaste continent
« qu'elle est sortie.

« La route s'offrait toute tracée devant elle par la
« péninsule de Malacca, qui, dans cette hypothèse, au-
« rait servi de passage à ces populations primitives pour
« pénétrer dans les îles voisines. Peut-être aussi ces îles,
« dans des temps reculés, faisaient-elles partie de la terre
« ferme, dont elles auraient été séparées par une de ces
« convulsions de la nature qui ont laissé des traces si pro-
« fondes sur tant de points de la planète où nous vivons.

« Au milieu de ces incertitudes, un fait se produit
« avec tous les caractères d'une haute probabilité :
« c'est que Java, dont le sol surpasse en fertilité celui
« des contrées environnantes, et dont la population se
« montre à nous, dans tous les temps, agglomérée en
« corps de nation, fut le foyer où se forma cette civili-
« sation primitive, et d'où elle rayonna dans tout le
« monde océanique. La présence, dans les idiomes océa-
« niens et dans le javanais vulgaire, d'une foule de
« mots ayant une racine et une signification communes,
« confirme cette induction. Il serait impossible aujour-
« d'hui de fixer l'époque à laquelle partirent les pre-

« mières migrations que Java envoya au dehors ; ce fut
« sans doute plusieurs siècles avant notre ère ; en effet,
« un laps de temps considérable fut nécessaire pour
« qu'elles aient pu parvenir jusqu'aux limites extrêmes
« où nous les retrouvons aujourd'hui, et déjà, dans le
« premier siècle de notre ère, des colonies indoues
« avaient apporté dans l'archipel d'Asie une nouvelle
« civilisation dont il n'existe aucune trace en dehors de
« ce point central. . . . .

« Pendant cette seconde période, Java, devenue le
« foyer de la civilisation indoue dans l'archipel d'Asie,
« s'éleva au rang de capitale intellectuelle et religieuse
« des diverses contrées dont elle occupe le centre, et sur
« lesquelles elle domina jusqu'à la destruction de Ma-
« djapahit, en 1400. Cette ville, dont les ruines ont ex-
« cité l'admiration de tous les voyageurs qui les ont
« visitées, était devenue, pendant les XIIIe et XIVe siècles
« de notre ère, le centre d'un empire puissant, duquel
« dépendaient ving-cinq royaumes ou provinces. La
« fusion des colonies indoues et des populations java-
« naises fut si intime, que le caractère de ces dernières,
« qui, dans l'origine, dut être analogue à celui des peu-
« ples congénères répandus autour d'elles, se modifia
« pour prendre tous les traits qui distinguent la natio-
« nalité indoue.

« Mais c'est dans le système des langues de l'archipel
« d'Asie, ce grand rameau de la famille océanienne,
« que cette action de l'indianisme se manifeste avec le
« plus de puissance et d'intensité. Le kawi, qui est à
« Java ce que le sanscrit est dans l'Inde, la langue sa-
« vante, sur dix mots en a six environ d'origine indoue,
« et moins altérés que ceux qu'a empruntés le pali, ou
« la langue sacrée de Siam. A côté du kawi est le haut
« javanais, dans lequel se trouvent aussi des mots san-
« scrits ; et, au-dessous, sur cette échelle linguis-
« tique se place le langage populaire ou bas javanais,
« qui s'éloigne d'autant plus de la source indoue, et
« conserve plus fidèlement le type océanien primitif, que
« l'on descend plus avant dans les classes de la na-
« tion qui ont été moins exposées au contact de l'é-
« tranger.

« Le malay a reçu aussi, mais à un degré bien moin-
« dre que le javanais, l'action fécondante ou régéné-
« ratrice du sanscrit; il doit à cette langue une partie
« des mots qui rappellent des idées morales ou méta-
« physiques, et plusieurs termes de la mythologie in-
« doue. Mais, à mesure que l'on s'éloigne de Java, la
« connexion des dialectes océaniens avec le sanscrit
« devient moins étroite et s'efface. Elle est encore sen-
« sible dans les idiomes des Philippines, où l'on trouve

« quelques mots qui attestent que ces îles reçurent les
« croyances de l'Inde.

« Le règne de la civilisation indoue cessa dans l'ar-
« chipel d'Asie lorsque l'islamisme y fut apporté
« vers le commencement du XIIIᵉ siècle. Des deux
« grandes races qui habitent ces contrées, la race ma-
« laye et la race javanaise, la première est celle qui
« embrassa la nouvelle foi religieuse avec le plus d'ar-
« deur ; en très-peu de temps elle fut tout entière mu-
« sulmane. Cette propagation rapide des dogmes du
« Coran parmi les Malays s'explique par les analogies
« que l'on observe entre leur caractère et celui des
« Arabes. Doués comme eux d'une imagination vive et
« mobile, de passions inquiètes et ardentes, ils aiment
« la guerre, le commerce, les plus aventureuses expé-
« ditions maritimes, en un mot, tout ce qui peut satis-
« faire le besoin d'une activité incessante. Ralliée au
« drapeau du prophète, la race malaye acquit une
« unité qui lui avait manqué jusqu'alors. Le Coran
« constitua sa nationalité.

« La ville de Malacca, fondée vers la seconde moitié
« du XIIIᵉ siècle, remplit, pendant cette nouvelle pé-
« riode, le même rôle de prédominance intellectuelle et
« religieuse qui avait été le partage des différentes ca-
« pitales de l'empire javanais jusqu'à la destruction de

« Madjapahit. Son code servit de régulateur à toutes les
« populations de l'archipel d'Asie, son port devint le
« centre d'un commerce considérable.

« Le goût des arts et de la littérature régnait à la
« cour des monarques malays ; la plupart des composi-
« tions historiques et des poëmes malays qui nous res-
« tent aujourd'hui datent de cette époque. Mais, après
« deux siècles à peine d'existence, la ville de Malacca
« tomba entre les mains des Portugais, et la civilisation
« dont elle avait été le berceau, ayant perdu tout cen-
« tre d'unité et de force, ne cessa d'aller en déclinant.
« Juger le peuple parmi lequel cette civilisation prit
« naissance et se développa avec un grand éclat en si
« peu de temps, par l'état de barbarie et de décadence
« dans lequel il est plongé aujourd'hui, c'est vouloir re-
« trouver les Grecs du siècle de Thémistocle et de Léo-
« nidas dans les misérables forbans qui infestent les
« mers de l'archipel dans la Méditerranée.

« Parmi les Javanais, les doctrines de Mahomet se
« répandirent très-lentement, et aujourd'hui même,
« depuis quatre siècles qu'elles leur sont connues, elles
« n'ont pénétré que d'une manière très-superficielle
« dans les habitudes de leur vie intime.

« Les différences que présente l'action de l'islamisme
« sur la civilisation des Javanais et des Malays se re-

« produisent dans les langues de ces deux peuples et
« dans les monuments de leur littérature. Les premiers
« ont adopté un très-petit nombre des mots arabes qui
« s'écrivent même très-difficilement avec leurs carac-
« tères nationaux, tandis que les seconds ont pris non-
« seulement la nomenclature religieuse musulmane,
« mais encore plusieurs mots de l'arabe usuel, ainsi que
« les caractères avec lesquels il s'écrit. »

La distinction tracée par M. Dulaurier (1) entre les
trois systèmes de civilisation qui se sont produits à différentes époques dans l'archipel d'Asie, détermine les
trois états des langues qui y dominent : type océanien
pur, type océanien mêlé d'indou, type océanien mêlé
d'indou et d'arabe. Suivant Crawfurd, sur cent mots
malays, cinquante appartiennent au fond général océanien, vingt-sept sont particuliers à la Malaisie, seize sont
sanscrits, cinq sont arabes (2), deux enfin sont empruntés, soit au telinga ou au persan, soit à la langue de

(1) Discours prononcé à l'ouverture du cours de malay en 1841.
(2) Pour plusieurs mots arabes, les Malais ont adopté la forme
du pluriel; c'est ainsi qu'ils disent : ملائكة سُورَڠ saorang malaikat,
un ange; le singulier n'est usité que dans cette expression tout
arabe : ملك الموت malak al-maut, l'ange de la mort. حروف
huruf, lettre (caractère) est le pluriel de حرف, inusité en
malay.

quelqu'une des nations européennes qui dominent ou ont dominé dans ces parages, c'est-à-dire au portugais, à l'anglais ou au hollandais.

Parmi les noms européens qui sont admis dans le malay usuel, je citerai seulement (1) : *grèja* (igreja), église; *pâdri*, prêtre catholique; *soldado*, soldat; *stud* (steward), *mayordomo*, intendant, maître d'hôtel; *orang gaji* « homme à gages » domestique; *kapitan*, *kaptèn* (capitão, captain) capitaine; *jèndral*, général, *gubèr-nemèn*, gouvernement; *gubèrnador*, *gurnador*, *gurèn-dur*, *gubèrnur* (governador , governor), gouverneur; *mistèr*, *mastèr*, monsieur, maître; *mèstèr* ou *misti* (port. mister), il faut; *maski* (mas que), quoique; *karèta*, (carreta), voiture; *kamar* (camera), chambre; *jandèla* (janella), fenêtre; *mèja* ou *mèsa*, table; *kamèja* (camisa), chemise; *tuâla* (toalha), serviette; *sapato*, soulier; *mantèiga*, beurre ; *kèjo* (queijo), fromage ; *botol* (bottle), bouteille; *glass*, verre; *bir* (beer), bière ; *senapang*, (snaphaan), fusil.

Nous-mêmes avons adopté quelques noms malays, comme : orang-outan (2), babiroussa (*babi-rusa*, co-

---

(1) Pour la prononciation de ces mots, voy. la Grammaire.

(2) Et non *orang outang*, comme écrivent les naturalistes; *orang hutan* signifie « homme des bois; » *orang hutang* signifierait « homme de dette. »

chon-cerf), pangolin (1), dourian (2), bambou, sagou, kris, campon (3).

Quelques-uns des mots que le malay a reçus du sanscrit se retrouvent, plus ou moins altérés, dans les langues indo-européennes; tels sont : *bâpa* « père » πάππας; *nâma* « nom » ὄνομα, nomen, nahmen, name : *pertâma* « premier » πρῶτος, primus ; *dua* « deux » δύο, duo ; *antâra* « entre » inter ; *kapala* « tête » κεφαλή, caput, capital ; *râja* « roi » reg, racine de rex (regs), regere, etc.; *manusha* ou *manusia* « humain, le genre humain » humanus, mensch, man; *déwa* « divinité » divus, deus.

On reconnaîtra également parmi les mots d'origine arabe : *meskin*, pauvre; *qartas*, papier (charta); **shart**, règlement, charte; *qalam*, roseau à écrire (calamus); *ambar*, ambre gris; *jenis*, genre, espèce (genus); *sarâni* (*nasrâni*) chrétien, Portugais (4).

Parmi les peuples étrangers qui se sont établis en

(1) Mammifère dont le corps est revêtu d'écailles tranchantes; les Malais lui ont donné le nom de *peng-gôling* (tourneur, rouleur) parce que, pour se défendre contre ses ennemis, il se met en boule comme le hérisson.

(2) Fruit garni d'épines (*duri-an*, épineux, masse d'épines).

(3) *Kampong*, enclos, bourgade entourée de palissades, quartier d'une ville habité par des gens d'une même nation.

(4) Ce nom a été donné aux Portugais parce qu'ils ont été les premiers chrétiens établis en Malaisie.

Malaisie, les Chinois sont de beaucoup les plus nombreux ; ils y forment de véritables colonies, mais sans y jouer nulle part le rôle de dominateurs. Ils sont dans l'archipel ce qu'étaient les Juifs en Europe au moyen âge, et ce qu'ils sont encore aujourd'hui dans une partie de l'Asie et de l'Afrique ; mais, plus actifs et plus industrieux que les Juifs, outre le commerce en gros et en détail par mer et par terre, on les voit partout exercer différents métiers, exploiter les mines, prendre à ferme les impôts. Cependant ils n'ont point modifié les mœurs des peuples au milieu desquels ils se sont établis, et leur influence a été nulle sur la langue malaye. Il est même à remarquer que ne pouvant se comprendre entre eux en parlant leur propre idiome, à cause des énormes différences que présentent leurs dialectes, ils ont adopté le malay pour langage usuel, et ils n'emploient le chinois que comme langue écrite.

Un trait qui caractérise la civilisation du foyer javano-malaisien, c'est la multiplicité des systèmes graphiques ; les *Batak*, les *Rejang* et les *Lampong*, bien que parlant des langues sœurs et vivant dans la même île (Sumatra), emploient des alphabets complétement différents. Les Javanais, les Boughis, les Tagals, etc.; ont également des alphabets particuliers. On ignore quel était le système graphique des Malais avant l'époque où ils adoptèrent celui des Arabes; quelques inscriptions découvertes à Sumatra font supposer que cette écriture était analogue à celle des Javanais. Il se peut que, dans leur ardeur à détruire tout ce qui rappelait l'ancienne religion, les musulmans n'aient fait grâce à aucun manuscrit; cependant il semble étrange que la destruction ait pu être si complète qu'il ne nous soit resté, de l'ancienne écriture, d'autres traces que les inscriptions de Sumatra.

Les caractères arabes sont faciles à tracer, faciles à distinguer entre eux; l'emploi en est simple et régulier, mais le système est défectueux en ce sens qu'il ne donne pas le son de toutes les voyelles : les Malais, comme les Arabes, n'écrivent que les voyelles longues; dans beaucoup de mots, ils n'en marquent aucune. Il y a bien quelques signes orthographiques à l'aide desquels on peut indiquer la présence des voyelles brèves, mais ils sont, pour ainsi dire, inusités; même en y ayant recours, il serait impossible de rendre la prononciation avec l'alphabet arabe, parce qu'il n'a que trois lettres pour représenter les cinq voyelles longues, et trois signes pour les voyelles brèves. C'est pourquoi j'ai dû employer les caractères latins, en donnant à certaines lettres une valeur conventionnelle, et cette grammaire est rédigée de telle sorte que l'étude du système arabe reste facultative. Toutefois je ne saurais trop recommander à l'étudiant de se familiariser avec l'écriture arabe, afin de se mettre à même de puiser la connaissance de la langue malaye à sa véritable source. Alors même qu'un grand nombre d'ouvrages se trouveraient publiés en caractères latins, les systèmes de transcription adoptés par les Européens présentent de telles dissemblances entre eux qu'il se passera encore bien du temps avant que l'on ait pu s'accorder à cet égard et adopter un système d'orthographe uniforme ; or, sans l'unité orthographique, point de dictionnaire possible ; de là, la nécessité de conserver le système arabe, si défectueux qu'il soit.

Considérons maintenant l'idiome malay au point de vue de son utilité pratique et de la facilité que présente son étude.

Suivant le témoignage des navigateurs qui ont parcouru les mers de l'Orient, la langue malaye est en quelque sorte universelle sur toutes les côtes et dans toutes les sociétés mercantiles de l'Asie méridionale et de l'archipel indien ; elle règne dans toute la mer des Indes et de la Chine, et, là où elle n'est pas parlée comme idiome national, elle est employée de la même manière que la langue franque dans les Échelles du Levant, comme moyen de communication dans les

transactions commerciales. Dans une note insérée au *Journal Asiatique* de Juillet 1840, le savant navigateur De Freycinet certifie « que la langue malaye est prati-
« quée depuis le cap de Bonne-Espérance jusques et y
« compris la Nouvelle-Guinée, dans un espace de plus
« de 110 degrés en longitude, et que, seule, elle suffit
« pour se faire parfaitement entendre et établir toutes
« les relations désirables avec les habitants des îles in-
« diennes : Timor, Ombay, Solor, Flores, Java, Su-
« matra, Bornéo, les Célèbes, Amboine, les Molu-
« ques, etc. »

Le célèbre naturaliste Lesson n'a pas été moins ex-
plicite sur les avantages qu'offre l'étude du malay; voici en quels termes il s'est exprimé, à ce sujet, dans une lettre insérée également au *Journal Asiatique* : « Je re-
« garde la langue malaye comme d'une utilité première
« pour un peuple navigateur.... A l'aide de cet idiome,
« nos commerçants opéreront sûrement des transac-
« tions trop souvent interrompues par le meurtre et le
« pillage, nés parfois de malentendus. Marsden, Craw-
« furd et Leyden ont rendu à la philologie de grands
« services, et de plus grands encore peut-être au gou-
« vernement anglais; si les autres nations l'emportent
« sur nous par les spéculations lointaines, elles le doi-
« vent à la possession de moyens de communication

« plus sûrs, à des idées plus arrêtées sur les mœurs, les ha-
« bitudes, les préjugés des nations étrangères, toutes cho-
« ses qui naissent de la connaissance de la langue d'un
« peuple, et de ses productions littéraires qui en sont le
« reflet. »

Le malay est d'une extrême simplicité de formes grammaticales, et, sous ce rapport, il offre quelques points de
ressemblance avec l'anglais, tandis que la douceur et
l'égalité de sa prononciation l'ont fait comparer à l'italien. Il n'y a, en malay, aucune de ces flexions qui,
dans les langues indo-européennes, servent à former le
féminin et le pluriel, à décliner les noms, à conjuguer
les verbes. Les sexes se désignent à l'aide d'adjectifs
équivalant à *mâle* et *femelle*. La pluralité s'exprime
par la réduplication du substantif : *năgri*, ville; *năgri
năgri*, des villes, les villes; ou à l'aide d'adjectifs équivalant à *tous les, plusieurs*. Le verbe est invariable
sous le rapport de la conjugaison ; lorsque la construction de la phrase n'indique pas suffisamment à quel
temps il doit être pris, on a recours à des auxiliaires
qui correspondent à peu près à ceux des verbes anglais.

La numération est des plus aisées à retenir ; c'est le
système décimal dans toute sa simplicité. Pour savoir
compter en malay, il suffit de connaître les noms des

2

neuf unités, et quatre ou cinq noms servant à exprimer les dizaines, les centaines, etc.

Toute la grammaire malaye se réduit, en réalité, à un chapitre, celui des *affixes*. Les affixes sont des syllabes ou particules qui se joignent aux mots simples pour en modifier le sens et former — d'un verbe, un adjectif, un substantif, — d'un adjectif, un verbe, un adverbe, un substantif, — d'un verbe neutre ou d'un adverbe, un verbe transitif, causatif, passif, etc. On les nomme *préfixes* ou *suffixes*, suivant qu'elles sont placées au commencement ou à la fin du mot. En outre de celles qui servent à la formation des mots, il en est dont l'action peut porter sur tout un membre de phrase ; ainsi il y a une particule interrogative (- *kah*) ; une autre (- *lah*) a une valeur affirmative ou impérative. Le fréquent emploi de cette dernière ainsi que de deux autres (*di—ña*), qui sont usitées pour une forme verbale dont nous n'avons pas l'équivalent en français, donne à la phraséologie malaye un tour très-original. C'est là, je le répète, le seul chapitre important de la grammaire ; si les mots simples sont la base et le corps de l'idiome malay, les affixes en constituent le mécanisme ; c'est dans leur juste emploi que consistent la pureté des formes, l'élégance et la clarté du style, le génie de la langue. Du reste, le nombre de ces particules étant fort restreint, il est toujours facile de les reconnaître dans les mots composés, et, par conséquent, de retrouver le radical. La plupart des mots simples sont de deux syllabes (1); ceux de trois syllabes sont d'origine sanscrite ou arabe.

L'emploi des *numérales* et la multiplicité des pronoms personnels et des locutions pronominales (2) contribuent aussi à donner à l'idiome malay une physionomie particulière.

Sans entrer dans l'examen de la littérature malaye, je dois au moins citer les ouvrages qui peuvent fournir des textes d'une traduction facile et intéressante. La *Couronne des sultans*, traité composé par *Bokhari de Johor*, sur les devoirs de l'homme, est considéré par les Malais comme un chef-d'œuvre de style. Ce livre offre un grand nombre d'histoires et d'anecdotes morales. La version malaye du célèbre poëme indou le *Ramayana*,

(1) Je laisse de côté la question de savoir si ceux d'entre ces mots qui sont purement océaniens peuvent être ramenés à une forme monosyllabique semblable à celle que les mots affectent dans le chinois et les langues de la péninsule transgangétique.

(2) « La forme des pronoms personnels malays confirme l'hy-« pothèse de l'origine asiatique que j'ai assignée à la famille océa-« nienne. Comme dans les idiomes indo-chinois, cette forme varie « suivant le rang de la personne qui parle, ou de celle à qui l'on « s'adresse. » Dulaurier.

d'un style tout à la fois élégant et simple, est encore un très-bon livre pour des études élémentaires. On trouvera des fables en prose dans l'*histoire de Kalilah et Dimnah*, ouvrage d'origine indoue, plus généralement connu sous le nom de *fables de Bidpay;* des récits historiques — l'histoire comme la comprennent les Malais —dans la *Chronique du royaume de Pasey*, publiée en 1849 par M. Dulaurier ; enfin, de curieuses descriptions de pays et de mœurs dans la *Relation du voyage* fait, en 1838, sur la côte orientale de la péninsule de Malacca, par le Malais *Abdallah*, de Singapour. Du reste, la chrestomathie qui fait suite à la grammaire de M. de Hollander (1) contient, entre autres textes, un excellent choix de morceaux tirés des ouvrages que je viens de citer.

Quant aux dictionnaires, le plus correct et le plus complet, bien que le moins volumineux, est celui de M.J. Pijnappel (*maleisch nederduitsch Woordenboek*, Harlem et Amsterdam, 1863). Toutefois, celui de Marsden (*Dictionary malayan and english, and english and malayan*, London, 1812) convient mieux aux commençants, parce qu'il offre un grand nombre d'exemples et de dé-

______

(1) *Handleiding bij de beoefening der maleische taal* (3ᵉ édit.), Breda. On trouvera dans ce savant ouvrage une bibliographie malaye complète.

finitions. Il en existe une traduction hollandaise et fran-
çaise par Elout (Harlem, 1825); mais ce livre est de-
venu rare.

En terminant cette introduction, qu'il me soit permis
de justifier la méthode que j'ai suivie dans l'exposé des
règles grammaticales : je me suis appliqué à les présenter dans un ordre de progression et d'enchaînement qui
permette à l'étudiant de comprendre et d'analyser, sans
avoir à faire aucune recherche, tous les mots dont se
composent les phrases malayes données comme exemples ; j'ai omis à dessein tout ce qui peut aisément se
trouver dans les dictionnaires (comme ces listes d'adverbes, d'interjections, etc., dont je ne m'explique pas
l'utilité dans une grammaire) et certaines tournures,
certains idiotismes dont la connaissance ne peut guère
s'acquérir que par la pratique de la langue ou l'étude
des textes. Je publierai prochainement un travail qui
facilitera cette étude, ainsi que des dialogues où l'on
trouvera les locutions usuelles.

GRAMMAIRE MALAYE

SONS DE LA LANGUE MALAYE

REPRÉSENTÉS CONVENTIONNELLEMENT EN CARACTÈRES LATINS.

VOYELLES :

$\dot{a}$, a, e, $\dot{e}$, $\acute{e}$, i, o, $\hat{o}$, u (e comme dans « breton (1) » ; $\grave{e}$ très-peu ouvert, comme dans «pièce, modèle » ; u comme ou français (2) ; $\breve{a}$, son bref et vague se rapprochant de e ou de $\grave{e}$);

$\hat{u}$, $\breve{u}$, voyelles variables : $\hat{u} = u$ ou $\hat{o}$, et $\breve{u} = u$ bref ou o bref, suivant les dialectes.

La voyelle $\acute{e}$ est également variable : elle se prononce $\acute{e}$ ou i, suivant les dialectes.

---

(1) Ou comme *eu* dans « seul » : *berkata* « parler », prononcez beurcata. Cependant, dans quelques parties de la Malaisie, $e = \acute{e}$.

(2) Les sons français *u*, *eû* n'existent pas en malay.

I, *u*, suivis d'une voyelle, ne forment jamais diphthongue avec elle comme dans « diamant, oui, équateur » ; les deux voyelles doivent se prononcer distinctement, comme dans « prié, troué » (1).

SEMI-VOYELLES OU SEMI-CONSONNES :

y comme dans « Bayonne » et comme ï dans « faïence » ; *èy* comme eil dans « soleil » ;

w comme w anglais dans « we », c'est-à-dire comme ou dans « oui » ; *aw* $=$ *aŭ*.

CONSONNES :

p, *b*, *m*, *f*, *t*, *d*, *n*, *ch*, *j*, *ñ*, *k* ou *q*, *g*, *ng*, *s*, *sh*, *z*, *l*, *r*, *h*.

F ne se rencontre que dans quelques mots d'origine étrangère, encore les Malais le prononcent-ils ordinairement comme *p*.

N, *m* ne forment jamais de son nasal comme en français ; *makan*, « manger » ; *tambun*, « tas, monceau », se prononcent macann, tammbounn.

Les deux consonnes ح et ج, que nous transcrivons *ch* et *j*, n'ont pas d'équivalents exacts en français. La plupart des Européens les prononcent comme tch, dj dans caoutchouc, adjectif, ou comme ti, di dans tiare, diamant ; mais, en réalité, ج équivaut à la *ch* espagnole (muchacho) et ح

<hr>

(1) Pour simplifier la transcription nous supprimerons, autant que possible, les semi-voyelles ; ainsi les mots دِي « lui », دُو « deux », seront transcrits *dia*, *dua*, mais ils doivent se prononcer *diya*, *duwa*.

au *gy* des Hongrois (magyar). La syllabe *cha* tient donc le milieu entre nos syllabes tia et kia, et *ja* entre dia et ghia. J français n'existe pas en malay.

Ñ comme en espagnol, c'est-à-dire comme gn dans agneau.

K et *q* représentent le même son, et nous n'employons les deux lettres que pour rappeler l'orthographe malaye (ك et ق). La lettre *q*, lorsqu'elle est finale, comme dans *bañaq*, « beaucoup », se prononce si faiblement qu'elle peut alors être considérée comme *muette*. Elle reste muette si le mot s'accroît d'un suffixe commençant par une consonne : *bañaqlah*, « il y a beaucoup », prononcez ba-gnala; mais elle recouvre sa valeur avec les suffixes *an* et *i*, et, dans ce cas, elle se remplace par *k : kabañakan*, «le grand nombre, la plupart ». Du reste, le *k* peut également s'employer comme lettre muette; ainsi le mot *bañaq* peut aussi bien s'écrire *bañak* (باپق ou باپك).

G (*ga*) ne prend jamais le son de *j ;* les syllabes *ge*, *gi* se prononcent donc comme dans « guenon, guitare ».

Le *ng* (*nga*) se compose des sons *ñ* et *g*, combinés de manière à n'en former qu'un seul; c'est une sorte de *g* nasal. Toutefois sa valeur varie un peu suivant les cas : *ang*, *ong*, non suivis d'une voyelle (comme dans *tangkap*, saisir, prendre, *datang*, arriver, *kârong*, sac), équivalent à peu près à nos voyelles nasales an, on, mais le *ng* des terminaisons *ang*, *ong* est sujet à la règle de prononciation qui a été donnée pour le *k* ou *q* final : *datanglah*, «arriva», prononcez datanla, en appuyant un peu sur la nasale;

kadatangan, « l'arrivée », *mendatangi*, « atteindre », prononcez cadatangann, meunndatangui (1). *ûng* (ou *ŭng*) équivaut à *ung* ou à *ong*, suivant les dialectes; *ing* se prononce comme en anglais. Entre deux *i* (comme dans *ingin*, désirer) *ng* équivaut presque à *ñ*.

S ne prend jamais le son de *z* ; *rusa*, « cerf », prononcez rouça.

Sh doit se prononcer comme ch dans « chat », mais cette consonne est souvent confondue avec *s*.

H est une aspiration si douce que l'on peut considérer cette lettre comme muette (2). Il est vrai que, dans quelques mots d'origine arabe, *h* représente une aspiration rude (ح) ; mais les Malais adoucissent toujours les consonnes fortes ou emphatiques des Arabes.

Dans les transcriptions hollandaises, les sons que nous écrivons   *j*, *ch*, *sh*, *ñ*, *y*, *u*,
sont figurés *dj*, *tj*, *sj*, *nj*, *j*, *oe*.

ACCENTUATION :

L'accentuation malaye est moins forte que celle des Italiens et des Espagnols ; dans beaucoup de mots elle est

---

(1) Il en est de même en français pour les mots : sang, sanguin, long, longueur.

(2) *H* initiale (ﺀ) est si bien une lettre muette, un simple support de voyelle, qu'elle est supprimée dans certaines transcriptions, et que, même dans l'écriture arabe, on peut l'omettre à l'égard de beaucoup de mots.

nulle ou presque nulle. Cependant, il est nécessaire d'en connaître les règles pour lire les textes écrits en caractères arabes, parce que le déplacement de l'accent modifie la forme orthographique des mots composés.

En règle générale, les Malais appuient sur l'avant-dernière syllabe des mots, à moins qu'elle ne soit terminée par une consonne, comme dans *serta*, « avec », parce qu'une voyelle suivie d'une consonne *morte* (c'est-à-dire une consonne qui termine une syllabe) ne peut être longue.

Les particules et pronoms suffixes déplacent l'accent des mots terminés par une voyelle brève : *nāma*, nom, *namāña*, « son nom ». Mais si le mot est terminé par une consonne, comme *mākan*, « manger », l'accent ne peut être déplacé que par les suffixes *an* ou *i*, parce que tous les autres suffixes commençant par une consonne, leur adjonction ne change rien à l'état de la consonne finale du mot, qui reste morte : *makānan*, « nourriture », *mākanlah*, « mange, mangez ». Cependant cette règle est loin d'être suivie rigoureusement.

DE LA JUXTAPOSITION

Lorsque deux substantifs sont juxtaposés, le premier appartient ou se rapporte au second :

rumah râja, maison de roi *ou* la maison du roi ; *harga dagangan*, prix des marchandises ; *ayèr hujan*, eau de pluie ; *babi hutan*, cochon des bois (sanglier).

On sous-entend aussi, par la juxtaposition, *dèri* ou *dèri-pada*, « de » (fait de, provenant de) ; *akan*, « à, pour » ; *dan*, « et » ; *ataw*, « ou » :

rantèy pèraq, chaîne d'argent ; *kâyu âpi*, bois à feu (bois à brûler) ; *pisaw chukur*, couteau à raser (rasoir) ; *siang mâlam*, jour et nuit ; *laki istri*, mari et femme ; *besar kechil*, grands et petits ; *jual beli*, vendre et acheter (trafiquer) ; *pergi datang*, aller et venir ; *dua tiga*, deux ou trois ; *lebéh kûrang*, plus ou moins.

MANIÈRES D'EXPRIMER

LE MASCULIN, LE FÉMININ ET LE PLURIEL.

Pour désigner les sexes on emploie les mots *laki-laki*, (vulg. *lelaki*) et *perampuan* (vulg. *prampwan*) pour le genre humain, *jantan* et *belina* pour les animaux :

anaq laki-laki, fils, garçon ; *anaq perampuan*, fille ; *sudâra laki-laki*, frère ; *sudâra perampuan*, sœur ; *ayam jantan*, coq ; *ayam betina*, poule.

Je ne connais qu'un seul nom pour lequel les désinences masculine et féminine du sanscrit aient été conservées en malay : *putra*, prince ; *putri*, princesse (fils et fille de roi).

Quelques noms, comme : *bâpa*, père ; *ibu*, mère ; *ma*, *ama*, *amaq*, mère, femme vénérable (1) ; *suami* ou *swami*, époux ; *istri* (style noble) ; *bini*, épouse, ne peuvent être des deux genres.

La pluralité peut s'exprimer par la réduplication du substantif :

ikan, poisson ; *ikan-ikan*, des poissons ; *batu*, pierre, de la pierre ; *batu-batu*, des pierres.

On emploie souvent, comme simples signes de pluralité, les mots *bañaq*, « beaucoup, plusieurs », et *segala*, « tous les, les divers » :

bañaq tikus, des rats ; *segala orang yang*, les personnes qui.

Bañaq, ainsi employé, équivaut ordinairement à notre article indéfini *des*, et *segala* à notre article défini *les*.

ADJECTIFS PRONOMINAUX *INI*, *ITU*.

Nǎgri ini, ce pays-ci ; *nǎgri itu*, ce pays-là (2).

Dans le style régulier, *ini* et *itu* se placent toujours après le substantif, et même après son adjectif :

(1) *Mâmaq*, oncle ou tante.
(2) Même différence entre les adverbes *sini*, « ici », et *situ* ou *sâna*, « là ».

lada mèrah ini, ce poivre rouge ; *harta yang bañaq itu,* ces nombreux biens, ces nombreuses richesses (1).

Ini lada signifierait : « ceci est du poivre, voici du poivre », plutôt que « ce poivre », et *lada ini mèrah* ne peut avoir d'autre sens que « ce poivre est rouge » (2).

Itu équivaut souvent à notre article *le, la, les :*

benua china itu, la contrée chinoise (la Chine); *năgri Malaka itu,* la ville de M.; *orang putéh itu,* les hommes blancs (les Européens); *manusia itu,* l'homme, le genre humain (3); *padi itu,* le riz, la plante nommée riz.

PRONOMS PERSONNELS

Aku, dăku, moi ; *kita, kâmi,* nous ;
angkaw, dikaw, toi (4); *kâmu,* toi, vous ;

(1) Le sens absolu de *bañaq* est déterminé ici par le pronom *yang,* qui est très-souvent employé ainsi avec les adjectifs; mais on ne peut appliquer la même construction à *segala; tous* se rend par *săkaliăn* ou par *sămuaña.*

(2) Dans le malay littéral on sous-entend souvent le verbe *ada,* être, surtout avec les adjectifs, mais on l'exprime fréquemment dans le langage vulgaire, et il est probable que cette altération du style est due aux Européens qui, naturellement, sont portés à construire les phrases malayes comme celles de leur propre idiome.

(3) *Orang* signifie « personne, individu. gens », et s'applique à tout être supérieur aux animaux; *manusia* (ou *manusha*) est le nom qui désigne l'espèce humaine : *orang manusia,* homme; *orang malaikat,* ange. (V. p. 10, note.)

(4) *Angkaw* s'emploie aussi au pluriel, mais il est alors accom-

ia, dia, -ña (suffixe), lui, elle, eux, elles.

Aku, angkaw et *ia* s'emploient comme sujets de verbes, *dâku, dikaw* (1) et *dia*, comme régimes de verbes, et après les prépositions *akan*, « à, envers, pour », et *dengan*, « avec » (2). Toutefois, dans le langage vulgaire, *dia* s'emploie aussi bien comme sujet et est même beaucoup plus usité que *ia*.

Après les prépositions autres que *akan* et *dengan*, *âku* et *kâmu* perdent leur première syllabe pour devenir suffixes, et l'on emploie pour la troisième personne le suffixe *ña* :

pada-ku, à moi; *ûléh-mu* (3), par vous; *pada-ña*, à lui.

Ku et *kaw* peuvent être aussi préfixes sujets de verbes :

jika ku-dâpat, si je puis, si je parviens à, si j'obtiens; *kaw-bri*, donne, tu donneras.

Régulièrement, *kita* ne doit s'employer que dans le sens de « toi et moi, vous et moi », tandis que *kâmi* exclut la personne à qui l'on parle. Lorsque *kita* désigne plus de deux personnes, on peut y joindre *orang* en signe de pluralité. On dit également *kâmi orang* et *kâmu orang* (ou *kam'orang*).

Marika-itu, « ces gens-là », est très-usité comme pronom

pagné de quelque mot indiquant la pluralité, comme *angkaw sǐkaliǎn*, vous tous.

(1) *Dangkaw* dans le dialecte de Padang.

(2) Cependant on rencontre dans quelques écrits : *akan âku, akan angkaw, dengan âku, dengan angkaw*.

(3) On dit aussi *ûléh kâmu*.

(ils, eux. elles), surtout dans les écrits. Dans le langage vulgaire on dit plutôt *dia orang*.

Les pronoms de la première et de la deuxième personne sont très-peu usités dans la conversation et dans le style épistolaire, la politesse exigeant qu'on les remplace par ces locutions pronominales :

1re pers. *Sahaya* ou *sâya* (1), serviteur, esclave.

2e pers. *Tuan*, maître, seigneur, monsieur, madame.

On peut dire. au pluriel, *sâya orang* et *tuan-tuan*.

En parlant à un inférieur, on dit *âku* et *kita* (2) (moi) et *kâmi* (nous), mais on évite de se servir de *kâmu* et d'*angkaw* et l'on remplace ces pronoms par le nom de la personne à qui l'on parle, par quelque terme amical ou familier, ou par un nom de parenté (3).

Dans le malay littéral, on emploie généralement *hamba* au lieu de *sahaya*, et *tuan-hamba*, « le maître du serviteur, mon maître », au lieu de *tuan*.

Pour donner à un pronom le sens possessif, il suffit de

(1) La même contraction a lieu, dans la prononciation, pour les mots *bahasa*, « idiome »; *baharú*, « nouveau », et plusieurs autres que l'on transcrit généralement *bhâsa*, etc.

(2) J'ai dit que, régulièrement, *kita* exprime un pluriel restreint : *vous et moi*. Dans le langage cérémoniel, les princes seuls l'emploient au singulier ; cependant, par une anomalie que je ne me charge pas d'expliquer, *kita*, dans la conversation, est beaucoup plus usité au singulier que *âku*, qui est impérieux ou solennel.

(3) On emploie souvent, comme termes de bienveillance, *bâpa*, « père »; *ma,âma*, « mère »; *abang*, « frère aîné »; *kakaq*, « sœur aînée »; *adéq*, « frère cadet, sœur cadette ».

le joindre à un nom, suivant la règle donnée page 28, et, dans ce cas, *âku*, *kâmu* et *ia* se changent en *-ku*, *-mu*, *-ña* :

anaq sâya, *anaq-ku*, mon enfant; *parâs-ña*, ses traits, sa figure.

Toutefois, dans la conversation, le génitif par juxtaposition est peu usité à l'égard des personnes, et la possession ou la relation se rendent plutôt par *puña*, employé comme *'s* dans *king's house* :

râja puña rumah, la maison du roi; *sâya puña tuan*, mon maître; *tuan puña nénéq perampuan*, votre grand'mère; *dia puña* (1) *kâdèy*, sa boutique, leur boutique.

Puña peut avoir un sens verbal, mais ce mot n'est guère usité ainsi qu'avec le pronom *yang* « qui », et il prend alors la forme *ampuña* (2) :

orang yang ampuña sawah ini, la personne à qui appartient cette rizière, qui est propriétaire de cette rizière.

(1) *Dia puña* et non *ia puña*.

(2) Quelques mots malays sont susceptibles de prendre un *a* (ou *ha*, *am*, *an*) initial : *mas* ou *amas*, de l'or; *marah* ou *amarah*, colère, en colère; *rimaw* ou *harimaw*, tigre, etc. Mais, suivant M. Pijnappel, *puña* est, au contraire, une contraction de *ampuña* « son maître » (*ampu*, mot inusité dans sa forme simple). *Yang ampuña sawah* « qui est le propriétaire de la rizière », est d'une construction conforme à la syntaxe malaye; cet emploi de *ña* explétif est, en effet, assez fréquent; ainsi l'on dit : *anaqña râja itu*, le fils du roi (*anaq râja itu* signifierait plutôt « ce fils de roi, ce prince »). Mais on rencontre aussi cette autre construction : *bendang ini puñaku juga* « ce champ m'appartient également, ce champ est aussi *propriété de moi* »; et dans *per-âmpu-an*, « femme »,

DU VERBE

Les verbes malays peuvent éprouver dans leur forme certaines modifications par l'adjonction de particules affixes qui leur donnent un sens neutre, transitif. causatif, passif; mais, sous le rapport de la conjugaison, ils sont invariables. Le mode et le temps sont indiqués par le contexte, c'est-à-dire, soit par le sens général du discours, comme dans ces phrases :

pada zêman sultan Iskander, ada... Au temps de l'empereur Alexandre, il y eut *ou* il y avait... *Tiga hari lagi, sâya berangkat*, trois jours encore, je pars, je partirai dans trois jours.

Soit par quelque mot employé comme auxiliaire :

sâya akan pergi, sâya nanti pergi, sâya maü pergi, sâya hàndaq pergi, j'irai (*akan*, pour, sur le point de; *nanti*, attendre; *mahü* ou *maü*, vouloir; *hàndaq*, vouloir, afin de, pour, sur le point de); *sâya sudah pergi*, je suis allé (*sudah*, passé, fini).

Dans les écrits, *telah*, « passé, déjà, après que », est très-usité comme marque du prétérit antérieur et du plus-que-parfait.

anpu aurait encore un sens passif : « qui est en état de dépendance ». Quant à *râja puña rumah*, c'est une de ces locutions vicieuses et inexplicables comme il s'en rencontre dans tous les idiomes. De *puña* et *ampuña* sont formés *mempuñai* et *mengampuñai*. posséder. (V. les particules affixes.)

Les temps composés, les gérondifs, etc., peuvent également se rendre en malay ; mais il faut pour cela recourir à des tournures que l'étude des textes fera connaître. Les particules *-lah* et *di-* jouent le plus grand rôle dans l'expression du mode et du temps.

Pour l'impératif, on peut employer le suffixe *lah* qui exprime l'ordre, l'affirmation, l'indication, et qui rejette le pronom après le verbe :

pergilah tuan, allez.

Mais on préfère, en général, recourir à une tournure propositive, optative, etc., ou, pour mieux dire, à des auxiliaires qui sont quelquefois pris dans une acception bien différente de leur signification réelle :

hăndaqlah tuan pergi, veuillez aller *ou* il faut (1) que vous alliez ; *baiqlah* (2) *tuan bersegra*, il est bon que vous vous hâtiez ; *marilah kita buat surat*, venons faire un écrit (faisons un écrit); *biar* ou *biarlah kita tinggal di-sini*, restons ici (*biar*, permettre, *biar kita...* let us...); *brilah ia masŭq*, qu'il entre, laissez-le entrer (*bri*, donner, accorder).

Dans le malay littéral, on rencontre cette forme impérative :

makanlah ŭléhmu, mangez ; *nantilah ŭléh tuan-hamba*, attendez (*ŭléh*, par).

(1) Au futur comme à l'impératif, *hăndaq* a souvent un sens bien éloigné de celui de vouloir.

(2) Dans le langage usuel, *baiq* « bon, bien », se prononce *bay ;* quant à *baiqlah, handaqlah*, on a vu, p. 25, que le *q* final ne recouvre sa valeur que devant une voyelle.

Dans la conversation, on supprime souvent la particule à l'impératif :

pegi (1) *lakas*, va vite, allez vite ; *mari sini*, viens ici : *tuan duduq*, asseyez-vous.

NÉGATION

Sâya tiada bŭléh, ou *tiadalah sâya bŭléh*, je ne puis pas.

Tiada est composé du verbe *ada*, « être », et de la particule négative *ti* ou *ta* qui, dans le style régulier, ne s'emploie seule que pour un très-petit nombre de locutions, comme *tausah*, « c'est inutile »; *tidâpat tiada*, « ne pas pouvoir ne pas » (certainement que, inévitablement, il faut). Dans le langage vulgaire on se contente souvent de la particule *ta* ou *tra* :

tabŭléh, *trabŭléh*, je ne puis ; *tatahŭ*, *tratahŭ*, je ne sais.

On prononce aussi *tida* pour *tiada*, et, à Batavia, *trada* (2).

Bukan est une négation moins usitée que *tiada*; elle contient aussi en elle-même le verbe *être* :

bukan orang itu, ce n'est pas cet homme ; *bukan ia râja dan bukan ia datuq*, il n'est ni prince ni noble.

Belŭm, pas encore :

ia belŭm datang, il n'est pas encore venu *ou* arrivé.

(1) *Pegi, pègi, pigi*, prononciation vulgaire de *pergi*.
(2) *Tida* ne doit pas être confondu avec *tidaq*, qui s'emploie comme négation isolée : *ya ataw tidaq?* oui ou non ?

Prohibitif et subjonctif négatif :

jangan (ou *janganlah*) *angkaw tâkŭt*, ne crains pas, n'aie pas peur; *handaqlah marika-itu jangan lămbat*, qu'ils ne tardent pas, il ne faut pas qu'ils tardent, qu'ils ne perdent pas de temps; *sŭpâya jangan ia săsat*, afin qu'il ne se trompe pas.

INTERROGATION

L'interrogation s'exprime au moyen de la particule *kah :*

adakah, y a-t-il? *tuan maŭkah*, voulez-vous? *tiadakah tuan tahŭ* (vulg. *tatahŭkah*), ne savez-vous pas ?

Dans la conversation, on supprime quelquefois la particule, l'intonation la rendant inutile.

Antah s'emploie dans le sens de *est-ce... serait-ce que... peut-être que... je ne sais si...*

antah kapal prang ataw perŭmpaq, tiadalah sâya tahŭ, est-ce un navire de guerre ou de pirates? Je l'ignore. *Antah ya, antah tidaq*, peut-être oui, peut-être non.

RÉGIMES DES VERBES

Les verbes malays régissent leurs compléments indirects à l'aide des prépositions *pada* « à », *kapada*, « à, vers », *akan*, « envers, à l'égard de, pour ».

membri akan ou *pada* ou *kapada saorang*, donner à quelqu'un; *berkata pada* ou *kapada*, parler à.

Ces prépositions s'emploient dans bien des cas où le verbe français régit directement son complément :

lihatlah akan gambar ini (vulg. *lihat gambar ini*), voyez cette image ; *saya kenal dia* ou *akan dia*, je le connais.

Dans le langage vulgaire on fait un fréquent usage de *sama* qui, régulièrement, ne doit être employé que dans le sens de « avec, en même temps, comme. semblable » :

hantar surat ini sama tuan capten, portez cette lettre à M. le capitaine ; *pukul sama kuda itu*, frappez le cheval ; *tūlūng sama dia*, aidez-le.

Notez que l'on dit *sama dia* et non *samaña* parce que *samaña* signifie « semblable à lui, son égal ».

DI ET *KA*, PRÉPOSITIONS DE LIEU.

Ces prépositions s'emploient avec les adverbes et noms de lieux, et avec d'autres prépositions. *Ka* se joint toujours, dans l'écriture, comme préfixe ; avec *di*, la liaison est facultative :

di mâna ada tuan? où êtes-vous ? *ka-mâna pergi orang itu?* où va cet homme ? *Saya tinggal di-atas gunung itu*, je demeure sur cette montagne ; *kita būlēh naiq ka-atas bukét itu*, nous pouvons monter sur cette colline ; *dĕri Batawi sampĕy ka-Sĭngĕpûra*, depuis Batavia jusqu'à Singapour.

PARTICULES AFFIXES

Préfixes : *me* ou *meng*, *di*, *ter*, *ber*, *ka*, *pe* ou *peng*,
per, *sa* ou *se*.

Suffixes : *lah*, *kah* et *tah*, *kan* et *i*, *an*, *ña*.

SUFFIXE *LAH*.

Cette particule, que nous avons vue employée comme
signe de l'impératif, n'a le plus souvent qu'un sens affir-
matif ou indicatif :

adalah, il y a, il y avait.

Dans les récits, elle est extrèmement usitée au prétérit
et au futur :

maka pergilah ia, alors il alla ; *apabila sampeylah badaq itu
kä-lûbang itu, neschâya jatûhlah ia kädâlam-ña*, lorsque le
rhinocéros arrivera à ce trou, inévitablement il tombera de-
dans (*sampey*, parvenir ; *jatûh*, tomber ; *dâlam*, dans).

Il est à remarquer que ce suffixe rejette toujours le sujet après le verbe, à moins que l'on ne joigne au sujet la
particule *pûn* (1) :

maka ia-pûn pergilah, alors il alla, il alla donc.

(1) *Pûn* est une particule de précision ou d'intensité : *satu-pûn
tiada*, pas même un, pas un seul, aucun, rien. Jointe à un nom ou
à un pronom, elle peut être considérée comme la marque du no-
minatif ; mais, le plus souvent, elle est explétive et n'est employée
que pour l'élégance ou l'euphonie.

Joint à un pronom, à un adjectif, à un adverbe, *lah*
équivaut au verbe *ada*, « être ». quelquefois à *jadi*, « devenir » :

inilah, c'est celui-ci, voici; *sebab itulah*, c'est à cause de
cela, voilà pourquoi; *disinilah*, c'est ici, ici il y a; *baiqlah*,
c'est bien, il serait bon de; *maka* (1) *terlalulah besar gajah itu*,
cet éléphant était énorme (*terlalu besar*, très-grand), *maka
bañaqlah mati dan luka*, il y eut beaucoup de morts et de
blessés; *intan ini akulah yang ampuña dia*, ce diamant, c'est
à moi qu'il appartient; *maka kayalah aku*, alors je devins —
ou je deviendrai — riche (*kaya*, riche).

Lah est quelquefois séparé du verbe auquel il se rapporte.

maka karbaw itupun dibunuh oranglah, alors buffle celui-là
être tué (par) les gens — on tua ce buffle (v. le préf. *di*); *mari
esuqlah*, venez demain.

SUFFIXES *KAH* ET *TAH*.

La particule interrogative *kah* peut, comme *lah*, contenir
en elle-même le verbe être :

angkawkah yang berteriaq demikian itu, est-ce toi qui cries
comme cela? *Angkaw sudarañakah*, es-tu son frère? *Burŭng
ini jantankah ataw betinakah*, cet oiseau est-il mâle ou femelle (2)?

(1) Pour *maka*, v. à la fin de la Grammaire, le chap. des *Mots
redondants*.

(2) Il est vrai que la sous-entente du verbe peut aussi bien être

Tah est plus énergique ou plus familier :

di-manatah, où donc? *Siapatah*, qui donc? qui est-ce donc?
Apatah, tuan belum bangun, quoi! vous n'êtes pas encore
levé?

PRÉFIXE *ME* OU *MENG*.

Un grand nombre de mots malays peuvent, dans leur
forme simple, être pris soit comme verbes, soit comme
adverbes ou substantifs, etc. La particule *me*, jointe à ces
mots, en détermine le sens verbal :

nanti, attendre, ou simple signe du futur; *menanti*, attendre;

hàndaq, vouloir, pour, sur le point de, auxiliaire du futur;
menghàndaq, vouloir;

ikŭt, suivre, suivant (adv.), d'après: *mengikŭt*, suivre.

D'un substantif, d'un adverbe, etc., le préfixe *me* forme
quelquefois un verbe :

rugi, perte (par opposition à *laba*, profit); *merugi*, perdre.

Cette particule se joint aussi à des mots qui, dans leur
forme simple, ne peuvent être pris que comme verbes.
Elle semble alors n'être employée que pour l'élégance et
la pureté du langage, et l'étude des textes peut seule
mettre à même d'apprécier la nuance qui existe entre *mi-*

attribuée à l'adjectif; car, en supprimant la particule (et en y suppléant par l'intonation), la phrase aurait le même sens. V. p. 30,
note 2.

nŭm et *meminŭm*, boire ; *makan* et *memakan*, manger ; *ambél* et *mengambél*, prendre : *lihat* et *melihat*, voir, etc. Il est cependant une règle que l'on peut donner à cet égard : c'est que l'infinitif demande ordinairement la particule, tandis que le suffixe *lah* et les pronoms préfixes *ku* et *kaw* la repoussent absolument :

akan melihat, pour voir ; *serta melihat*, avec voir (en voyant); *lihatlah*, voyez.

Le préfixe *me* est sujet aux modifications euphoniques suivantes :

Meng devant *h* et les voyelles (1), et devant *g* et *k*, mais le *k* se retranche :

geraq, bouger, se mouvoir ; *menggeraq*, remuer, secouer ; *kata*, paroles, parler ; *mengata*, dire.

Meñ devant *s*, qui se retranche :

surat, un écrit, une lettre (epistola); *meñurat*, écrire.

Men devant *j*, *ch*, *d*, *t*; le plus souvent *t* se retranche ; *d* disparaît quelquefois aussi :

jadi, *menjadi*, devenir ; *jual*, *menjual*, vendre ; *chahari* (ou *chāri*), *menchahari*, chercher ; *dapat*, trouver, réussir à, pouvoir, pourvu que, si ; *mendāpat*, trouver (en cherchant), aller trouver ; *dängar*, *menängar*, entendre ; *tarut*, suivre, accompagner, suivant (adv.); *menurut*, obéir, se conformer à ; *tulis*, *menulis*, écrire, dessiner.

(1) Dans quelques parties de l'île de Sumatra, *me* ne change pas devant *h* et les voyelles.

Mem devant *b* et *p* ; le plus souvent, *p* se retranche (1) ;

Buat, membuat, faire ; *panggél, memanggél*, appeler.

SUFFIXES *I* ET *KAN*.

La particule *i* forme des verbes transitifs. Elle est toujours renforcée du préfixe *me*, excepté à l'impératif ou lorsque le verbe prend un autre préfixe :

mengŭbati saorang, médicamenter quelqu'un, lui donner une médecine (*ŭbat*, drogue, remède); *membaiki pekain*, raccommoder un vêtement; *membaiki rumah*, réparer une maison (*baiq*, bon, bien); *meñamai saorang*, égaler quelqu'un (*sama*, égal).

Quelquefois le verbe ainsi formé n'a pas de régime et n'a qu'un sens neutre ou réfléchi :

meñertai, s'accorder, adhérer à une proposition (*serta*, avec).

La particule *kan*, qui n'est probablement qu'une contraction de la préposition *akan*, forme des verbes causatifs :

mengadakan, créer, procurer, occasionner (*ada*, être);
menjadikan, créer, faire devenir, rendre (*jadi*, devenir);
mentidorkan, endormir (*tidor*, dormir);
menjatŭhkan, faire tomber, renverser (*jatŭh*, tomber);

____

(1) Dans le dialecte de Menangkabaw, *b* disparaît aussi : *bĭyar, memayĭr*, payer.

melarikan, faire courir, faire fuir. entraîner, enlever (*lâri*, courir, fuir);

mematikan, faire mourir (*mati*, mourir, mort);

menjaühkan, éloigner (*jaüh*, loin);

mengàluarkan, faire sortir, émettre (*kàluar* (1), sortir);

meninggalkan, laisser, abandonner (*tinggal*, rester);

meñatakan, faire connaître. faire voir (*ñàta*, évident, démontré);

membinasakan, détruire, ruiner (*binâsa*, détruit, détérioré).

Souvent le verbe ainsi formé n'a qu'un sens actif ou transitif :

mencheritrakan, raconter (*cheritra*, récit);

mengàrjakan, exécuter, accomplir (*kàrja*, travail);

menandakan, marquer (*tanda*, marque);

mengata ou *mengatakan*, dire (*kata*, paroles);

menàngar ou *menàngarkan*, entendre, écouter, suivre un avis (*dàngar*, entendre).

Avec certains verbes, la différence de valeur qui existe entre les suffixes *kan* et *i* est très-sensible :

melalui, dépasser (un endroit), franchir, transgresser; *melalukan*, faire passer (*lalu*, passer, ensuite, puis);

mendatangi musŭh, atteindre l'ennemi; *datangkanlah wang itu kapada sâya*, faites-moi parvenir cet argent (*datang*, arriver, jusqu'à);

menghampiri kôta, s'approcher d'un fort; *menghampirkan*

____

(1) *Kàluar* (vulg. **kluar**), pour *pergi kà-luar*, aller dehors.

lashkarña känàgri, faire avancer ses troupes près de la ville (*hampir*, près).

Dans le langage vulgaire, on supprime souvent, même à l'infinitif, le préfixe *me*, pour les verbes munis du suffixe *kan* ou *i*.

PRÉFIXE *DI*.

Cette particule forme des verbes passifs :

jika anaqku dilihat üléh buâya, neschâya matilah ia, dimakan üléh buâya itu, si mon enfant est aperçu par un crocodile, certainement il périra dévoré par ce crocodile ; *ditinggalkan üléh segala kawanña*, abandonné par ses compagnons (*ou ses alliés*); *gunüng itu tiada dâpat dilalui*, cette montagne ne peut être franchie.

Mais, le plus souvent, le préfixe *di* s'emploie pour une forme verbale qui n'a pas d'équivalent en français et que l'on peut appeler passif indéterminé ou forme impersonnelle :

maka dilihat budaq (1) *itu ada hudang-hudang dâlam bakas itu; maka diambélña hudang itu, lalu dimakanña*, alors être-vu (par) cet enfant y-avoir des crevettes dans le panier, et pris-par-lui ces crevettes, ensuite mangé-par-lui, — cet enfant

____

(1) *Budaq* se dit surtout d'un jeune garçon, d'un jeune serviteur.

ayant vu qu'il y avait des crevettes dans le panier, les prit et les mangea.

Le suffixe *ña* qui complète ordinairement cette forme verbale, n'a lui-même qu'une valeur indéterminée ; il est souvent impossible de le considérer comme un pronom, et l'on doit se contenter de rendre le sens de la phrase sans l'analyser.

La préposition *ûléh*, « par », est souvent supprimée après le véritable passif, et elle est quelquefois employée avec le passif indéterminé :

maka hilanglah (1) *bagènda itu dipagut ular*, le prince mourut piqué par un serpent ; *bûah ini tiada dimakan orang*, ce fruit n'est pas mangé par les gens, ce fruit ne se mange pas ;

jika dilihat ûléh orang itu akan tuan putri itu barañg-kâli dibunûhñalah akan dia, si il-est-vu par cet homme envers madame la princesse, peut-être il-sera-tué-par-lui envers elle, — si cet homme aperçoit la princesse, peut-être qu'il la tuera.

PRÉFIXE *TER*.

Cette particule exprime l'idée d'un effet éprouvé complétement ; elle forme des participes passifs et des superlatifs.

____

(1) *Hilang*, perdre, disparaître, — mourir (en parlant d'un prince).

tertulis dengan haruf arab, écrit en caractères arabes (*tulis*, écrire); *tertera di batu*, imprimé sur pierre, lithographié (*tera* ou *tra*, impression); *pintu yang terbuka*, porte ouverte; *mayét orang yang terbunuh itu*, le cadavre de l'homme tué; *maka adalah bebrapa bangkèy binatang yang termakan ùléh burùng ruaq*, il y avait quantité de carcasses d'animaux qui (avaient été) dévorées par les oiseaux *ruaq* (les vautours); *terpiléh*, choisi, mis à part (*piléh*, choisir); *terbuang*, rejeté, de rebut, répudié (*buang*, rejeter, etc.);

terbesar, très-grand; *terlebéh*, le plus, extrêmement (*lebéh*, plus).

On rencontre aussi, mais très-rarement, **ter** employé dans un sens neutre :

tersiñum, souriant; *maka tertawalah marika-itu sàkaliàn*, ils rirent tous (1).

<h2 style="text-align:center">PRÉFIXE BER.</h2>

La particule *ber* a ordinairement le sens de « dans l'état de, muni de ». Elle forme des adjectifs, des participes non passifs et des verbes neutres :

berñâma, ayant nom, nommé; *berlaki*, ayant un mari, mariée; *beristri*, *berbini*, ayant une épouse, marié; *berduri*, garni d'épines, épineux (*duri*, épine); *berbùnga*, en fleurs, fleuri, fleurir (*bùnga*, fleur); *kapal bertiang tiga*, navire à trois mâts (*tiang*, mât, colonne); *binatang berkaki ampat* ou *berampat*

____

(1) *Tawa* n'est pas usité dans sa forme simple.

kaki, animal à quatre pieds, quadrupède ; *jâlan berkaki*, aller
à pied ; *jâlan berkuda*, aller à cheval ; *berlayàr*, être sous
voiles, naviguer (*layàr*, voile).

Ber devient *be* devant *r* et dans quelques locutions vulgaires, et quelquefois *bel* devant *a* :

berambèy, garni de franges ou de glands, frisé (*rambèy*,
franges, etc.) ; *dia ada bekàrja*, il est occupé (*kàrja*, travail) ;
hutan belantâra, « forêts situées entre » (des pays habités ou
cultivés), forêts vierges, terrains dans l'état de nature.

Cette particule se joint aussi à des verbes pour en déterminer le sens. Quelquefois elle est explétive :

berangkat, se mettre en mouvement, partir (*angkat*, soulever, enlever, faire avancer) ; *berajar* ou *belajar*, étudier (*ajar*,
étudier *ou* enseigner, *mengajar*, enseigner) ; *berjâlan*, en route,
marchant, se promener (*jâlan*, marcher, chemin) ; *berlâri*,
courir, courant (*làri*, courir) ; *buat* ou *berbuat* ou *membuat*,
faire.

Quelques verbes prennent cette forme :

berlelahkan, fatiguer (*lelah*, fatigue, fatigué, *berlelah*, fatigué) ; *beristrikan*, marier ; *bertañakan*, demander, s'informer
(*tañu*, question).

SUFFIXE AN.

Joint à des verbes, -*an* forme des participes-substantifs
qui ont ordinairement un sens passif :

tulisan, dessin (*tulis*, dessiner, écrire) ; *kiriman*, envoi,
cadeau (*kirim*, envoyer) ; *utusan*, ambassade (*utus*, envoyer,

députer); *surŭhan*, ordre, message, messager, envoyé (*surŭh*, ordonner quelque chose, envoyer quelqu'un avec un ordre ou une mission); *belahan*, fente (*belah* ou *blah*, fendre); *makanan dan minŭman*, le manger et le boire, des vivres et des boissons ; *pilĕhan*, choix, de choix, d'élite (*pilĕh*, choisir).

- *an* se joint aussi à des adjectifs :

manisan, douceurs, friandises (*manis*, doux).

Avec les substantifs, -*an* est un augmentatif, ou bien il a un sens collectif; mais, dans ce dernier cas, le nom est ordinairement redoublé :

lautan, océan, pleine mer (*laut*, mer); *daratan*, continent (*dârat*, terre, le sol par opposition à l'eau); *bŭah-bŭahan dan sâyŭr-sayŭran*, toutes sortes de fruits et de légumes, les fruits et les légumes en général ; *buñi-buñian*, musique, orchestre (*buñi*, son).

- *an* donne quelquefois au substantif le sens d'*imitation :*

bŭngaan, fleur artificielle; *anakan*, poupée; *orang-orangan,* des marionnettes.

- *an* peut aussi avoir une valeur adverbiale :

mudahan, facilement (*mudah*, facile); *tambahan*, en outre (*tambah*, augmenter).

Quelques adjectifs verbaux ont la forme *ber-an :*

berhampiran, proche, approchant (*hampir*, près).

Dans les trois chapitres suivants, on verra le suffixe *an* employé avec les préfixes *ka, pe, per*.

PRÉFIXE *KA*.

Le préfixe *ka* a un sens passif :

kakaséh Allah, le bien-aimé de Dieu (*kaséh*, aimer); *maka kalihat râja*, le roi fut vu, on vit le roi; *kahändaq* « ce qui est voulu » la volonté, le désir (d'où *berkahändaq*, *kahändaki*, vouloir, désirer) (1).

Mais cette particule est très-rarement employée seule ; elle est presque toujours accompagnée du suffixe *an*, avec lequel elle forme des participes ou adjectifs verbaux :

kadapatan, trouvé, trouvable; *kadängaran*, entendu, pouvant être entendu; *kalihatan*, vu, visible, en vue; *maka kalihatanlah pulaw* (ou *pulo*) *itu*, on aperçut l'île ; *kaamâsan*, doré, d'or (*amas*, or, *mengamâsi*, dorer); *kadinginan*, refroidi, ayant froid (*dingin*, froid, le froid).

La forme *ka-an* donne aussi un très-grand nombre de substantifs, comme :

karajaan, royauté, royaume ; *kaadaan*, existence ; *kajadian*, création; *kahidûpan*, vie, subsistance (*hidûp*, vivre, vivant); *sudahan* ou *kasudahan*, fin, conclusion ; *kapapaan*, pauvreté (*pâpa*, pauvre); *kabesaran*, grandeur; *katinggian*, hauteur (*tinggi*, élevé).

---

(1) Il est à remarquer que tous les composés du verbe *tahû* « savoir » sont formés sur *katahû* : *katahûi*, *mengatahûi*, savoir, avoir connaissance de; *pengatahûan*, science, connaissance (v. le préf. *pe*); *berkatahûan*, sachant, qui sait.

Quelques-uns des noms ainsi formés peuvent s'employer aussi comme adjectifs :

kabañakan, la multiplicité, le grand nombre, la plupart, ordinaires, vulgaires; *kakŭrangan*, le manque, manquant (*kŭrang*, manquer, manquer de, moins).

Au chapitre qui traite des noms de nombres, on verra le préfixe *ka* formant des adjectifs ordinaux et collectifs.

PRÉFIXE PE ou PENG.

Cette particule, sujette aux mêmes modifications euphoniques que le préfixe *me*, donne des noms d'agents et d'instruments. Ces noms sont ordinairement formés de verbes munis du préfixe *me*, dont la première lettre se trouve seule changée; et, en y ajoutant *an*, on a le nom de l'action :

orang pengajar, professeur; *pengajaran*, enseignement (*mengajar*, enseigner); *orang pembunŭh*, meurtrier; *pembunŭhan*, meurtre, exécution (*bunŭh*, *membunŭh*, tuer); *orang peñamŭn*, voleur, brigand (*samŭn*, *meñamŭn*, piller, dépouiller); *orang penchuri*, voleur, filou; *penchurian*, vol, filouterie (*churi*, *menchuri*, dérober); *orang pengail*, pêcheur (*kail*, ligne, *mengail*, pêcher); *pengaséhan*, affection, faveur (*kaséh*, *mengaséh*, aimer, favoriser); *batu pengasah*, pierre à aiguiser (*asah*, *mengasah*, aiguiser), *pemukul*, marteau (*pukul*, *memukul*, frapper); *peñákét*, maladie (*sákét*, malade); *penängar*, *penängaran*, l'ouïe (*dängar*, *menängar*, entendre); *penglihat*, *penglihatan*, la vue (*menglihat* et, plus ordinairement, *melihat*, voir).

Pour les noms de métiers on emploie quelquefois, dans le langage vulgaire, *me* au lieu de *pe* :

orang penjual ou *orang menjual* (1), marchand (*jual*, *menjual*, vendre); *orang penjäit* ou *orang menjäit*, tailleur, couturière (*jäit*, coudre).

PRÉFIXE *PER*.

La particule *per* (quelquefois *pe*, *pel*) exprime la continuité de l'action ou de l'état, ou simplement, l'action, la chose faite ; quelquefois, le lieu de l'action. Pour la formation des substantifs elle est toujours accompagnée du suffixe *an*, excepté dans un très-petit nombre de noms. Presque tous ces mots sont formés de verbes munis du préfixe *ber* :

perjalanan, voyage, journée de marche, étape (*berjälan*, marcher); *perhäntian*, halte, repos, campement (*hänti*, *berhänti*, vulg. *brénti*, s'arrêter,; *perkataan*, expression, phrase, discours (*kata*, parler, paroles, *berkata*, parler); *pertutüran* ou *petutüran*, conversation (*tutür*, *bertutür*, parler, causer); *perbuatan*, action, œuvre (*buat*, *berbuat*, faire); *perjanjian*, contrat, traité (*janji*, promesse, promettre, *berjanji*, promettre, s'engager); *perburuan*, chasse, gibier ; *anjing perburuan*, chien de chasse (*buru*, *berburu*, chasser); *peprangan*, expédition, guerre, champ de bataille; *kapal peprangan* ou *kapal prang*, navire de guerre (*prang* (2), *berprang*, combattre); *perman-*

(1) On dit aussi *orang berjual.*
(2) Ce mot ne doit pas être confondu avec *parang*, serpe, couperet, sabre d'abattis, trancher.

dian, bain, lieu où l'on se baigne (*mandi,* se baigner); *peti-doran, peraduan,* dortoir, alcôve, lit (*tidor, bertidor,* dormir, *âdu, berâdu* (style noble), reposer); *orang pertâpa,* pénitent, ermite (*tâpa,* pénitence, *bertâpa,* faire pénitence); *orang pelajar,* écolier, apprenti; *pelajaran,* étude, école (*belajar,* étudier).

Per entre aussi dans la composition de quelques expressions auxquelles il donne le sens d'un verbe d'état, comme :

yang dipertuan, celui qui est le seigneur, le souverain, Votre Majesté; *yang diperhamba,* celui qui est le serviteur, moi.

Comme particule verbale, *per* n'a pas un sens bien déterminé, et semble, le plus souvent, n'être employé que pour l'élégance :

tätkâla diperbaikiña dinding itu, lorsqu'il répara ce mur; *maka diperbuatña telaya,* il fit un puits; *maka dipersâmbah-kanñalah* (1) *kapada bagènda,* il présenta *ou* il dit au prince.

Cette forme verbale est presque inusitée dans le langage vulgaire, mais elle se rencontre souvent dans les textes.

PRÉFIXE *SA* ou *SE ;* SUFFIXE *ÑA* adverbial :

La particule *să,* abréviation de *satu* « un », forme des adjectifs :

sărupa dengan « une forme avec », de même forme que.

(1) *Sămbah,* prosternation, parole adressée à un supérieur;

ressemblant à ; *sănăma*, de même nom, homonyme ; *orang săkampong*, habitants d'un même campon, voisins ; *săbagèy*, de même sorte ; *dan săbagèyña*, et ce qui y ressemble, et autres semblables ; *sudăra saibu săbăpa*, frères (*ou* sœurs) de mère et de père.

Să (ou *se*) est souvent adverbial :

săkŭtika, pendant un instant, au temps où ; *săkŭtika itu*, à ce moment, à cette époque ; *selăma*, aussi longtemps que, tant que, durant (*lăma*, ancien, de longue durée) ; *sepanjang jălan*, tout le long du chemin (*panjang*, long).

Ña est quelquefois adverbial :

akirña, enfin (*akir*, fin) ; *kirăña*, supposé que, environ, je vous prie (*kira*, penser) ; *liga tahŭn lamăña*, pendant *ou* depuis trois ans, il y a trois ans ; *bañaqña*, « leur nombre », au nombre de (1).

Beaucoup d'adverbes ont la forme *se-ña* :

sebenarña, vraiment (*benar*, vrai, sincère) ; *sepatŭtña*, convenablement (*patŭt*, convenable) ; *sesŭngguhña*, assurément *sŭnggŭh*, certain).

Ces mots se prennent quelquefois substantivement :

dengan sebenarña, avec vérité, en toute sincérité ; *tiada dengan setahŭku*, à mon insu.

maka sămbahña, il répondit (au roi) ; *persămbah*, hommage, présent ; *meñămbah*, *bepersămbahkan*, *mempersămbahkan*, verbes.

(1) Avec les adjectifs de dimension, *ña* équivaut souvent à *de* : *panjangña ampat depa*, long de quatre brasses ; *lébarña*, large de... ; *tinggiña*, haut de...

DE LA RÉDUPLICATION

Le redoublement d'un substantif indique la pluralité
(v. p. 29) et, avec le suffixe *an*, la généralité (p. 49).

Le redoublement d'un adjectif ou d'un adverbe exprime
l'intensité :

baiq-baiq, très-bien ; *tinggi-tinggi*, très-élevé ; *jauh-jauh*,
très-loin ; *bañaq-bañaq* ou *berbañaq-bañaq*, en grande quantité ; *dèri selama-lamaña*, depuis les temps les plus reculés ;
dengan sebüléh-büléhña, de tout son pouvoir, le mieux possible.

Cependant si l'adjectif redoublé est joint à un substantif avec lequel il forme comme un seul nom désignant une
classe d'individus ou d'objets, c'est au substantif que se
rapporte la réduplication :

orang kaya-kaya dan orang besar-besar, les riches et les
grands (et non : les gens très-riches, etc.); *pekain indah-indah*,
les beaux vêtements (1).

**Pour que la réduplication se rapportât à l'adjectif, il
faudrait qu'il fût séparé du nom par le pronom *yang* :**

pekain yang indah indah, un très-beau vêtement.

(1) *Indah*, riche, précieux, rare. *Pekain*, de *kain*, linge, étoffe,
ou *pakèyan*, *pakièn*, de *pakéy*, faire usage de, porter (un vêtement,
un ornement).

Avec les adjectifs de dimension, le redoublement équivaut à *ña* (v. la note de la p. 54) mais avec l'idée d'appro-
ximation :

panjang-panjang ampat depa, long de quatre brasses, long
d'environ quatre brasses.

Le redoublement d'un verbe indique une action animée
ou continue, ou réciproque, ou générale :

lâri, courir ; *berlâri-lâri*, courir vite ou longtemps, s'enfuir ;
main, jouer ; *bermain-main*, s'amuser, se divertir ;
suka, plaisir ; *bersuka-sukaan*, plein de joie *ou* se réjouissant
entre eux ;
tambah, augmenter ; *bertambah-tambah*, augmenter de plus
en plus, s'accroître continuellement ;
âmat, regarder, observer ; *mengâmat-amati*, observer atten-
tivement, fixer, épier ;
kira, penser ; *kira-kirakan*, *mengira-ngirakan*, calculer,
supposer, réfléchir à ;
kaséh, aimer ; *berkaséh-kasihan*, s'aimant mutuellement,
affection réciproque ;
panah, arc, tirer de l'arc ; *berpanah-panahan*, se lançant
réciproquement des flèches.

Quelquefois la réduplication forme simplement une
expression adverbiale :

kira-kira (syn. de *sekira-kira*), par supposition, à peu près,
environ ; *berganti-ganti*, alternativement, tour à tour (*berganti*,
changer) ; *churi-churi* ou *menchuri-churi* (1), à la dérobée,

(1) Quelques adverbes ont une forme verbale ; tels sont :

furtivement; *kalŭ-kalŭ,* peut-être (*kalaw* ou *kalŭ,* si, pourvu que).

Le verbe redoublé prend quelquefois cette forme :

tŭlŭng-menŭlŭng, s'entr'aider ; *tutŭr-menutŭr,* converser, causer ; *sabrang-meñabrang,* sur les deux rives, de chaque côté de la rivière (1).

On rencontre même ce redoublement à *interfixe :*

turŭn-temurŭn, descendre par une suite de générations (*turŭn,* descendre).

Cette forme, qui est javanaise, ne s'applique qu'à un très-petit nombre de verbes.

Dans quelques noms tels que *kupu-kupu,* papillon, *kura-kura,* tortue, le redoublement n'a aucune signification.

Il ne faut pas confondre avec la réduplication une sorte de pléonasme assez fréquent en malay, et dont voici quelques exemples :

akan menjamu jamuku, pour traiter mon hôte ; *mengàrjakan kàrja,* « travailler un travail », s'acquitter d'une besogne ; *mencheritrakan cheritra,* « réciter un récit, narrer une narration »; *akan membicharakan bichàra pekàrjaan itu,* pour « discuter la discussion » de cette affaire ; *setlah langkaplah kalangkapan itu,* « après que fut équipé cet équipement », lorsque l'expédition (*ou* la flotte) fut prête (*langkap,* complet, équipé).

mengapa, pourquoi ? *melainkan,* excepté, mais bien, au contraire (*lain,* autre); *datangkan,* jusqu'à, etc.

(1) *Sabrang,* de l'autre côté de l'eau ; *meñabrang,* passer une

NOMS DE NOMBRES.

1	*satu, sa-,*	71	*tujŭh pulŭh satu,*
2	*dua.*	99	*sàmbilan pulŭh sàmbilan,*
3	*tiga,*	100	*sa-ratus,*
4	* àmpat,*	111	*sa-ratus sa-blas,*
5	*lima,*	280	*dua ratus delapan pulŭh,*
6	*anam.*	1,000	*sa-ribu,*
7	*tujŭh,*	1,100	*sa-ribu sa-ratus,*
8	*delapan,*	2,000	*dua ribu,*
9	*sàmbilan,*	10,000	*sa-laqsa ou sa-pulŭh ribu,*
10	*sa-pulŭh,*	20,000	*dua laqsa,*
11	*sa-blas,*	100,000	*sa-keti ou sa-pulŭh laqsa,*
12	*dua blas,*	1,000,000	*sa-juta ou sa-yuta ou sa-ratus laqsa.*
13	*tiga blas,*		
19	*sàmbilan blas.*		
20	*dua pulŭh,*		
21	*dua pulŭh satu,*		
30	*tiga pulŭh,*		
70	*tujŭh pulŭh,*		

Dans quelques pays on emploie *likŭr* pour compter de 21 à 29 : *sa-likŭr, dua likŭr*, etc.

rivière, un lac, etc.; *prahu peñabrangan*, bateau de passeur, bac. *Sabrang-meñabrang* est un adverbe.

NOMBRES ORDINAUX.

Premier, *pertâma* ou *yang satu;* deuxième, *kadua;* troisième, *katiga;* quatrième, *kaampat;* dixième, *kasapulŭh;* onzième, *kasablas;* vingt et unième, *kadua pulŭh satu,* etc.

Ces mots peuvent se prendre comme adverbes : premiè- rement, deuxièmement, etc. Ils s'emploient aussi dans un sens collectif (tous deux, tous trois, etc.) et ils prennent souvent alors le suffixe *ña :*

maka kaduaña pergi, ils allèrent tous deux;

tandis que les adjectifs ordinaux sont généralement précédés du pronom *yang :*

perkâra yang kadua, article deuxième.

On forme aussi des noms collectifs avec la particule *ber :*

maka jawab sâya yang berdua, nous répondîmes tous deux; *maka ditangkapña burŭng beribu-ribu,* il prit des oiseaux par milliers; *handaqlah kâmu masŭq berdua-dua* (1), entrez deux par deux, deux à deux.

____

(1) En redoublant le nom de nombre, on peut supprimer *ber* : *masuq dua dua.*

NOMS FRACTIONNAIRES, MULTIPLICATIFS.

Sa-tengah (vulg. *stengah*), la moitié; *satengah hasta*, une demi-coudée; *satu rupiah satengah* ou *tengah dua rupiah*, une roupie et demie; *dua rénggét satengah* ou *tengah tiga rénggét*, deux piastres et demie (1);

sapertiga, le tiers; *dua pertiga*, les deux tiers; *saperampat*, le quart (2); *ampat perlima*, quatre cinquièmes; *tujŭh persapulŭh*, sept dixièmes, etc.

On forme aussi des noms fractionnaires avec la particule *ka:*

satu kalima, un cinquième; *tiga kasaratus,* trois centièmes.

Pour la multiplication on emploie les mots *kâli*, fois; *ganda*, pli; *lâpis*, rang horizontal, couche, étage :

dua kâli, dua ganda, dua lâpis, le double; *tiga kâli ămpat jadi dua blas,* trois fois quatre « deviennent » douze.

Kiăn s'emploie ainsi :

dua kiăn, deux fois autant; *tiga kiăn,* trois fois autant.

(1) *Tengah,* ainsi employé, ne porte donc pas sur la totalité du nombre, mais seulement sur la dernière unité. De même on peut dire : *tengah tiga puluh* au lieu de *dua puluh lima* (25); *tengah dua ratus* au lieu de *saratus lima puluh* (150); *tengah lima ribu* au lieu de *ămpat ribu lima ratus* (4,500), etc.

(2) *Quart* se dit aussi *suku.*

DES NUMÉRALES.

A l'égard de certaines classes de substantifs, ou ne peut déterminer le nombre sans joindre au nom de nombre une *numérale*. Nos mots *pièce* (de monnaie, de linge, de mécanique, de gibier, etc.), *grain* (de sable, de plomb, etc.), *feuille* (de papier, de métal, etc.), *brin* (d'herbe, etc.), et *tête* (de bétail) peuvent, à la rigueur, être comparés aux numérales malayes. Les trois principales sont :

orang « personne » pour les êtres supérieurs aux animaux ;

ikŭr « queue » pour les animaux ;

bûah « fruit » pour les maisons, les villes, les lacs, les îles, les navires, certains meubles et, en général, tous les objets plus ou moins arrondis :

saorang râja, un roi ; *orang mälayu dua orang dan saorang orang belanda* (1), deux Malais et un Hollandais ; *saorang orang hutan*, un homme des bois, un sauvage ; *saikŭr orang hutan*, un orang-outang ; *lälat dua ikŭr*, deux mouches ; *kataq tiga ikŭr*, trois grenouilles ; *sabüah kapal*, un navire.

On voit que la numérale se place ordinairement après le substantif, excepté lorsqu'elle a le préfixe *sa*.

(1) Dans cette phrase, *orang-belanda* est substantif, et *saorang* est numérale. De même on dira *saorang orang tuah*, un vieillard. (Nous indiquons ici le langage régulier, mais, dans la conversation, *orang* est souvent supprimé.)

Au lieu de *saorang, saikŭr*, etc., on dit quelquefois, dans un sens absolu, *satu orang, satu ikŭr*, etc.

Bûah se supprime souvent dans le langage vulgaire :

satu kapal, un navire; *tiga peti*, trois caisses.

Citons encore parmi les numérales les plus usitées:

biji « graine » qui s'emploie pour tous les petits objets de forme arrondie : perles, pierres précieuses, balles de fusil, œufs, fruits, etc.;

batang, pour les poutres, les perches, les barres ;

bilah, pour les lames, les armes tranchantes ou pointues ;

keping, pour les planches, les dalles, les nattes, les lames ou feuilles de métal, la monnaie ;

lèy ou *halèy*, pour les objets minces ou ténus, feuilles, herbes, cheveux, etc.;

bûah pâla tiga biji, trois noix muscades; *sabatang galah dan dâyŭng dua batang*, une gaffe et deux avirons; *sabilah pedang*, un sabre; *papan dua keping*, deux planches; *wang dua tiga keping*, deux ou trois pièces de monnaie; *rambŭt salèy*, un cheveu; *rŭmpŭt salèy*, un brin d'herbe; *daŭn tiga lèy*, trois feuilles (d'arbre).

On remarquera ces expressions :

qartas salèy itu, cette feuille de papier; *qartas yang salèy itu*, cette unique feuille de papier.

PRONOMS.

PRONOMS PERSONNELS (2ᵉ §).

Bèta « serviteur » est usité aux Moluques comme pronom de la 1ʳᵉ pers. On le rencontre aussi dans quelques écrits où il est employé sans distinction de rang.

Paték « esclave » est la locution pronominale dont se servent les sujets parlant à leur souverain :

ya tuanku shah âlam, pâték sàkaliän tâküt akan morka duli shah âlam, ô Monseigneur roi du monde, nous craignons tous la colère de Votre Majesté (1)!

Gûa « je, moi » pronom d'origine chinoise, est tout à fait trivial ; cependant il est usité à Batavia.

Kowé ou *kwé, lu* et *dika* (2ᵉ pers.) ne sont usités que dans le dialecte de Batavia. *Kowé* (javanais) est moins impoli que *lu,* qui équivaut au tutoiement et qui, dans le Détroit, serait insultant.

Le titre de *ènchiq* ou *inché* se donne aux indigènes de distinction ou de condition honorable ; les Européens l'emploient à l'égard des femmes de charge. Celui de *baba* se donne aux négociants chinois.

Nôña « Madame » et *nôna* « Mademoiselle » se disent aux Européennes.

(1) *Duli shah âlam* « la poussière (des pieds) du roi » est encore une locution pronominale.

Tengku, corruption de *tuanku*, est un titre d'honneur qui ne s'accorde qu'à certaines familles nobles. En se servant de cette locution, on emploie pour la 1re personne *hamba tengku*.

Diâña (pour *ia*, *dia*) n'est guère usité que dans le style épistolaire.

PRONOMS RÉFLÉCHIS.

Diri, sendiri, kendiri, même (ipse. self) :

sâya sudah melukakan diri sâya ou *sâya sendiri* ou *diriku* ou *sendiriku*, « j'ai blessé ma personne », je me suis blessé (*luka*, blessure); *ia sudah membunûh sama diriña* ou *sama sendiriña*, il s'est tué, il s'est suicidé; *âku sendiri mañ hantar sama tuan*, je vous conduirai moi-même; *pandang ûléh dirimu, ûléh tuan sendiri*, regardez vous-même; *hàndaglah ia sendiri membâwa itu*, qu'il porte cela lui-même; *bûah-bûah yang jatûh sendiriña*, des fruits tombés d'eux-mêmes; *kata-kata dirimu, tuan sendiri puña kata-kata*, vos propres paroles; *di rumah diriña, di rumahña sendiri*, dans sa propre maison.

Diri peut aussi s'employer comme pronom de la 2e personne :

apa diri kata, que dites-vous? *jangan diri tâkût*, n'ayez pas peur.

Saorang diri signifie « seul; » *sendiri* s'emploie aussi dans le même sens :

jangan tuan kàluar saorang diri, ne sortez pas seul; *maka bagènda pûn berangkat dengan saorang diriña*, le prince partit seul, « avec sa seule personne »; *ia berjalan sendiri,* il se promène seul.

De *diri* sont formés : *berdiri,* se tenir debout ; *mendiri-kan,* dresser, ériger, établir ; *terdiri,* dressé, arboré.

PRONOMS RELATIFS, ABSOLUS, INDÉFINIS.

Yang (*ñang* dans quelques pays) « qui, que » relatifs. *Yang* signifie aussi « celui qui, ce qui, ce que, le » :

yang dipertuan, celui qui gouverne, le souverain ; *adapun yang tuah râja Ahmèd,* or celui qui (était le plus) âgé (c'était) le roi Ahmed — le plus âgé était le roi Ahmed.

Devant un adjectif, *yang,* le plus souvent, ne se traduit pas :

saorang yang lain, une autre personne; *padang luas* ou *nadang yang luas,* vaste plaine ;

Mais il empêche quelquefois l'adjectif de ne faire qu'un avec le substantif :

orang jahat, vaurien, canaille, malfaiteur de profession *orang yang jahat,* méchant homme, malhonnète homme. (Voy. aussi p. 55.)

Dans les expressions malayes correspondant à *de qui, dont, à qui, avec lequel, dans lequel,* etc., la préposition est rejetée à la fin de la phrase, qui se construit ainsi :

orang yang tuan sudah menjual kain sutra itu kapadaña, la personne à qui vous avez vendu cette étoffe de soie; *orang yang hamba sudah membli segala permata ini dĕri-padaña*, la personne de qui j'ai acheté ces pierreries.

En pareil cas le pronom joint à la préposition doit être de la même personne que celui auquel *yang* se rapporte :

akulah yang râja perchâya padaku, c'est en moi que le roi a confiance; *angkawlah yang kâmi harap padamu*, c'est en toi que nous espérons — que nous avons confiance.

Yang s'emploie aussi comme conjonction :

maka segala mantri tiada dâpat meñertai akan bichâra itu yang râja meninggalkan karajaan, les mantri (conseillers ou officiers royaux) ne purent approuver ce projet — adhérer à cette proposition — que le roi abandonnât le royaume (1).

Apa, quoi? que? quel? *siapa* (2) (vulg. *sapa*) qui?

siapa orang itu, quel est cet homme? *siapa yang dilahatña*, qui est-ce qui l'a vu? *siapa puña kitab ini*, à qui appartient ce livre? *apa itu*, qu'est-ce que c'est que cela? *apa tuan mau*, que voulez-vous? *apakah pekàrjaan sâya*, « quelle est mon occupation » qu'ai-je à faire? *apa kataña*, « quel est son dire » que dit-il? qu'a-t-il dit? *apa nâma binatang ini*, quel est le nom de cet animal (3)? *apa sebab*, pourquoi? (*sebab*, cause, parce que); *apabila, apakâla*, quand? quand, lorsque (*bila, kâla*, temps).

(1) *Que* (à savoir que) se rend plus ordinairement par *bahwa*.

(2) *Si* est une particule qui se place devant des noms propres. On l'applique aussi par dérision à des noms d'animaux.

(3) Pour demander le nom d'une personne, on ne dit pas *apa nâma*, mais bien *siapa nâma* : *siapa nâma orang itu*, comment s'appelle cet homme? *sapa namamu, sapa angkaw puña nâma*, comment t'appelles-tu ?

Dans le dialecte de Batavia, *apa* s'emploie aussi dans le sens de *est-ce que* :

apa lu kenal dia? — *Sâya, tuan.* Est-ce que tu le connais? — Oui, Monsieur (1).

Apa-apa, ap'âpa, barang (2) *apa,* quelque chose que, quoi que ce soit, tout ce qui; *tiada apa-apa,* rien.

De *apa* sont formés :

mengâpa, pourquoi ? (V. p. 56, note); *tida ngâpa* (pour *tiada mengâpa*) ou *tid'âpa,* cela ne fait rien, cela n'a pas d'importance (*tid'âpa sama sâya,* cela m'est égal, cela ne me regarde pas); *brâpa* (*berâpa*), combien? *bebrâpa,* plusieurs; *betâpa,* comment? par quel moyen?

Mâna, ordinairement adverbe de lieu, peut aussi s'employer comme adjectif pronominal :

orang mâna itu, quel est cet homme? *pada mâna tămpat,* dans quel endroit? *mâna-kâla* ou *kâla-mâna,* quand ?

Orang, saorang :

orang kata ou *kata orang,* on dit; *orang yang pàduli* (ar. *adluli*) *akan pekărjaan orang, bukan pekărjaan diriña,* les gens qui s'occupent des affaires des autres, et non de leurs propres affaires, — ceux qui se mêlent de ce qui ne les

____

(1) Cette manière de dire *oui* est assez usitée à Batavia.

(2) *Barang,* quelque, quelques, environ; *barang yang,* tout ce qui, quelque chose que; *barang siapa,* quiconque; *barang pûn tiada,* rien; *barang kămâna, pada barang tampat,* en quelque endroit que, partout; *barang dua ratus,* environ deux cents; *barang sădikêt,* quelque peu, si peu que ce soit; *barang-kâli,* quelquefois, peut-être.

regarde pas ; *orang bañaq*, la foule, le public ; *saorang*, quel-qu'un ; *saorang pùn tiada*, personne ; *tiadalah ia berkata kapada saorang pùn* ou *kapada saorang jua pùn* (1), il ne parle à personne ; *saorang dengan saorang* (2), l'un avec l'autre, l'un contre l'autre ; *saorang namaña Ahmèd dan saorang namaña Mohamèd*, l'un s'appelle Ahmed et l'autre Mohamed ; *maka dibriña kapada saorang sabùah pisang*, il donna à chacun une banane ; *jika barang saorang datang*, s'il vient quelqu'un, n'importe qui viendra.

Pris dans le sens de *seul* ou de *chacun*, *saorang* peut, dans certains cas, se rapporter à des animaux. *Chacun* se rend aussi par *sasaorang* ou *sasorang*, *masing-masing orang*, *tiap-tiap orang*.

Suatu « un » article ou pronom indéfini (par opposition à *satu* nom de nombre) (3) :

pada suatu mâlam, une nuit (une certaine nuit) ; *dâlam suatu bilèq*, dans une chambre ; *barang suatu*, quelque, n'importe quel, quelque chose que (4) ; *sàsuatu*, chaque, chacun.

Ini, itu (v. p. 29) ; *inilah*, celui-ci, c'est celui-ci, voici, tel est ; *itulah*, celui-là, voilà. Ces pronoms peuvent se prendre dans un sens neutre :

setlah itu, après cela ; *itulah yang hamba tâkŭt*, c'est là ce que je crains.

(1) *Jua* et *juya*, aussi, également, encore, de même (nonobstant), en effet, certes ; *tiada... jua*, pas même.

(2) *Saikùr dengan saikùr*, en parlant d'animaux.

(3) Dans le langage vulgaire, on dit ordinairement *satu* pour *suatu*, et, dans le malay littéral, on emploie quelquefois *suatu* pour *satu* : *suatu pùn tiada*, aucun, pas un seul.

(4) Le mot *chose* peut, pour plus de précision, se rendre par

Ini, itu, sont quelquefois explétifs :

âku ini, moi; *sakarang ini*, maintenant; *demikiăn îtu*, ainsi.

Celui-ci pris dans le sens de « cette dernière personne », se rend en malay par un simple pronom personnel :

maka turŭnlah orang prahŭ pergi mengambĕl ayèr ; maka bertemulah dengan jakun ; maka ia pŭn lâri kădâlam hutan, les hommes du navire descendirent (à terre) pour prendre de l'eau ; ils rencontrèrent des *jakun* (sauvages); *ceux-ci* s'enfuirent dans la forêt.

Cependant, dans certains cas, « celui-ci, celui-là, ce dernier, lequel », etc., se rendent par *ya-ini, ya-itu. Ya-itu* est surtout usité dans le sens de « c'est-à-dire, à savoir », ainsi que يعنى *yâni*, mot arabe qui ne doit pas être confondu avec يائين *ya-ini*.

COMPARATIFS ET SUPERLATIFS.

DERI ET DÈRI-PADA.

Besar, grand; *besar-besar, terbesar, terlalu besar, amat besar, terlalu amat besar, sangat besar, maha besar* (1), *besar sàkali* (2), très-grand.

hâl « circonstance, affaire, état » ou *perkâra* « article, point » : *akan barang suatu hâl*, pour toute chose, en toute circonstance.

(1) *Maha* appartient au style noble : *maha-mulia*, très-glorieux, auguste, sublime; *maharâja*, le grand roi, le prince suzerain.

(2) *Sa-kâli* « une fois ». Cette forme de superlatif est très-usitée.

Besar dèri ou *dèri-pada, lebéh besar dèri*, plus grand que ;
terbesar dèri, terlebéh besar dèri, bien plus grand que.

Kūrang besar dèri-pada, moins grand que.

Sàma besar dengan, besarña sàperti, aussi grand que, grand
comme.

Dèri et *dèri-pada* sont synonymes, mais, suivant les
cas, on emploie de préférence l'une ou l'autre de ces prépositions :

sâya datang dèri ou *dèri-pada nàgri yang jaüh,* j'arrive d'un
pays éloigné ; *chinchin ini dèri* ou *dèri-pada tembaga,* cette
bague est en cuivre ; *saorang sudagar dèri* ou *dèri-pada bangsa
yàhudi,* un négociant de race juive ; *maka diambélña dèri-
pada padi itu,* il prit de ce riz (brut ou en herbe) ; *maka diba-
waña makanan dèri-pada bras dan nâsi dan tepŭng gŭndŭm
dan daging lembŭ dan lain-lain dèri-pada itu,* il emporta des
vivres (consistant) en riz (mondé) et riz (bouilli), farine de
froment, viande de bœuf « et autres que cela » (etc.); *dèri-
pada tàkutña,* par suite de sa crainte, à cause de sa crainte.

Avec les pronoms suffixes *ku, mu, ña, dèri-pada* seul
est usité.

CONJONCTIONS ET ADVERBES REDONDANTS

OU SUPPLÉANT A LA PONCTUATION

On fait usage, dans le malay littéral et dans le style
épistolaire, de quelques mots dont le retour périodique
semble n'avoir d'autre but que de marquer le commen-

cement des phrases et de suppléer à la ponctuation. Le plus usité de ces mots est *maka*; il signifie quelquefois « or, alors » mais, le plus souvent, il ne se traduit pas. On l'emploie aussi, dans le cours des phrases, comme conjonction : « et, donc, car ».

Bahwa « voici, il est à savoir que » et *bahwa sesŭng-gŭhña* (ou, par contraction, *bahwa sŭña*) « assurément », sont des commencements de phrase ou de récit. *Bahwa* est également usité comme conjonction : « que, à savoir que ».

Adalah est souvent explétif; il en est de même de *adaña*, que l'on verra à la fin d'un grand nombre de phrases (1). *Adapŭn* a généralement le sens de « or donc ». On l'emploie pour marquer une digression, pour passer à un nouveau récit qui est le complément du précédent, ou pour reprendre un sujet dont on s'était écarté. C'est surtout le mot initial des réponses.

Bermula, sebermula « d'abord » (*mula*, commencement), *shahadan, tambahan* « en outre », *arkiŭn, kŭlakiŭn, kem-diŭn* « ensuite », *dan lagi* « et de plus », *hata maka* (2) sont des commencements de phrase ou de chapitre et ne se traduisent pas. Ces mots équivalent ordinairement à un point ou à une mise *à la ligne*.

---

(1) *Adalah* et *adakah* équivalent quelquefois à notre verbe auxiliaire « avoir » : *adalah sŭya lihat*, j'ai vu ; *adakah tuan lihat*, avez-vous vu ? Mais *adaña* est intraduisible.

(2) *Hata* signifie, en arabe, « jusqu'à »; en malay, ce mot n'a aucun sens, excepté peut-être dans cette expression : *hata bebrâpa lamâña*, au bout de quelque temps, il y avait déjà quelque temps que...

Dans le style épistolaire, après l'exorde de rigueur, c'est-à-dire les interminables phrases de louanges et de souhaits hyperboliques sans lesquelles un Malais n'oserait écrire la moindre lettre, on passe ordinairement au sujet principal à l'aide de ce pléonasme : *wabădu kemdiăn dèri-pada itu* (*wa-bâd-hu* « et après cela », locution arabe).

REMARQUES SUR QUELQUES NOMS

FORMÉS PAR JUXTAPOSITION, ET SUR LES NOMS DE TEMPS

On forme des noms de métiers et de fonctions à l'aide des mots *tukang* « ouvrier, maker » et *jurŭ* « maître, préposé » :

tukang batu, maçon (*batu*, pierre); *tukang kâyu*, charpentier, menuisier (*kâyu*, bois); *tukang besi*, forgeron (*besi*, fer); *tukang jăit*, tailleur, couturière (V. p. 52); *tukang kasŭt*, cordonnier, shoemaker; *jurŭ bhâsa*, interprète (*bhâsa*, idiome); *jurŭ tulis*, secrétaire; *jurŭ mudi*, timonnier, pilote (*kamudi*, gouvernail); *jurŭ* ou *tukang* ou *orang masaq*, *jurŭ dâpŭr*, cuisinier (*masaq*, cuire, *dâpŭr*, cuisine, four); *jurŭ rumah*, maître d'hôtel, intendant.

Tămpat « lieu » et *rumah* forment des noms qui désignent le lieu où s'exerce une fonction, une profession, etc. *Tămpat* signifie aussi, dans le langage vulgaire, « meuble, boîte, vase »

rumah sambahyang, « maison de prières », temple; *rumah*

bichâra, palais de justice (*bichâra*, discussion, procès); *rumah makan*, restaurant; *tămpat belajar*, école; *tămpat tîdor*, alcôve, lit (V. p. 53); *tàmpat gula*, sucrier; *tămpat gâram*, salière; *tămpat miñaq*, huilier.

Aux noms d'arbres et de plantes arborescentes, on joint *pŭhn* ou *pokoq* « tige, tronc, base », ou *buâh*, suivant que l'on veut désigner l'arbre ou son fruit :

pŭhn ou *pokoq dălima*, grenadier; *bŭah dàlima*, grenade; *sapokoq anggŭr*, un pied de vigne; *bŭah anggŭr*, du raisin; *ayèr anggŭr*, du vin; *sapŭhn kâyu*, un arbre (*sabatang kâyu*, une pièce de bois).

Anaq est quelquefois pris dans le sens de « gens occupés à, dépendant de », ou dans le sens de « pièce accessoire ». La pièce principale est désignée par *ibu* :

anaq prahŭ, l'équipage d'un navire; *anaq dâyŭng*, les rameurs; *ibu konchi*, corps de serrure; *anaq konchi*, clé; *ibu tangga*, les montants d'une échelle; *anaq tangga*, les échelons; *panah* ou *ibu panah*, arc; *anaq panah*, flèche; *anaq ayèr*, ruisseau; *anaq sŭngèy*, bras de rivière.

Anaq se dit aussi des petits des animaux :

anaq lembŭ ou *anaq sapi*, veau; *anaq kambing*, chevreau; *saikŭr ibu ayam dengan anaq-anaqña*, une mère poule avec ses poussins.

Noms des jours :

hari hâd, dimanche; *hari isnin*, lundi; *hari selasa*, mardi; *hari arba* ou *hari rabŭ*, mercredi; *hari kamis*, jeudi; *hari jimaat* ou *jumat*, vendredi; *hari sabtu* ou *saptu*, samedi.

Ces noms signifient en arabe : Un, deux, trois, quatre, cinq, assemblée, sabbat.

Dimanche se dit aussi *hari minggo* (domingo).

Une semaine : *Satu jumat, satu hâd, satu minggo.*

Dans leurs rapports avec les Européens, les Malais font usage des noms de mois anglais ou hollandais, les noms arabes ne pouvant s'adapter au calendrier grégorien.

Bulan « mois » signifie proprement « lune » :

bulan bhârŭ, nouvelle lune; *bulan pŭrnâma*, pleine lune; *trang bulan*, clair de lune; *sabulan* ou *satu bulan lamaña*, pendant un mois; *bulan yang lalu*, le mois dernier; *bulan yang datang*, le mois prochain; *habis bulan*, à la fin du mois (*habis*, fini, après avoir).

Hari se dit non-seulement de la journée de vingt-quatre heures, mais aussi d'un moment quelconque de la journée :

hari sudah mâlam, il fait nuit, la nuit est venue; *hari hampirlah siang*, « le temps est près du jour », il va faire jour; *pada pagi hari*, au matin; *pada pâtang hari*, le soir; *pada mâlam hari*, dans la nuit. (Cependant *midi* se dit *tengah hari* et non *tengah siang*.)

Hari ini ou *harini*, aujourd'hui; *sahari* ou *pada suatu hari*, un jour (un certain jour); *satu hari dua hari*, un jour ou deux; *sahari-hari* ou *sarisari* ou *tiap-tiap hari*, tous les jours; *ĕsŭq hari* (vulg. *bèsŭq*), demain; *pada kaĕsŭkan hariña*, **serta** *sŭqña*, le lendemain; *diam ĕsŭq*, *lusa*, après-demain; *ĕsŭq pagi*, demain matin; *kalamari*, *kàlàmarin* (étymologie incertaine), hier; *kalamari dahŭlŭ* (1), avant-hier; *mata-hari*, « l'œil du jour », le soleil.

(1) *Dahulu* ou *dhôlo* « avant, auparavant » de *hulu* « tête »

Du mot persan *jam* « verre, coupe » et de *pasir* « sable »
les Malais ont fait *jam pasir* « sablier »; puis, de relogio,
jam urulis (ou simplement *jam*) horloge, pendule,
montre. *Jam* signifie aussi un tour de cadran, une heure;
mais pour désigner les heures, on emploie le verbe
pukul :

dua jam lamaña, pendant deux heures; *sasuku jam lagi*,
dans un quart d'heure; *brâpa pukul* ou *pukul brâpa sakarang*,
quelle heure est-il? (combien frappe maintenant); *pukul tujŭh
satengah*, il est sept heures et demie; *pukul anam sâya makan*,
je dîne à six heures; *maka ada kira-kira pukul ampat pâtang*,
il était environ quatre heures du soir.

DES STYLES ET DIALECTES

« Comme presque tous les idiomes, le malay affecte
« deux formes principales : l'une, qui est employée dans
« les livres, et qui, sous le nom de *malay littéral*, cons-
« titue la langue polie et savante; l'autre, qui sert à l'ex-
« pression des besoins de la vie usuelle, et qui a reçu le
« nom de *malay vulgaire*. J'ai été conduit à m'occuper en
« premier lieu du malay littéral, qui est la source du

(tête d'objet, poignée d'une arme, etc., par opposition à *kapala*
tête d'homme ou d'animal). *Di hulu sungéy*, dans le haut de la rivière.

« malay vulgaire, et qui, régnant dans tout l'archipel
« d'Asie avec un caractère d'uniformité constante, donne
« en quelque sorte un point fixe de comparaison auquel
« on peut rapporter les différents dialectes populaires
« pour en apprécier la perfection relative et la pureté (1). »

Le malay littéral (*bhâsa jawi*) ne diffère du langage vulgaire que par un emploi plus rigoureux des particules affixes, des numérales et des mots redondants ou suppléant à la ponctuation. Le malay usuel est donc un langage simplifié, où l'on supprime tout ce qui n'est pas indispensable à l'intelligence du discours, et qui est immédiatement compris de quiconque a étudié le haut malay.

Marsden distingue quatre styles en malay : le *bhâsa dâlam* « langage de cour »; c'est le style employé dans la rédaction des actes officiels et des lettres émanées des princes indigènes. — Le *bhâsa bangsawan* « langage de la classe polie »; ce style est le même que le *bhâsa dâlam*, si ce n'est que l'on remarque dans ce dernier plusieurs termes spéciaux réservés au souverain, et des formules que l'étiquette a consacrées (2). — Le *bhâsa dagang* « langage commercial »; c'est le malay vulgaire mais non dégénéré, le langage simple et clair employé par les négo-

---

(1) Dulaurier, rapport sur le cours de malay fait en 1841.

(2) Nous citerons, entre autres particularités, l'emploi de la terminaison *nda* ou *da*, qui s'adjoint aux noms de parenté ou d'affinité; ainsi, en parlant de l'enfant d'un prince, on dit *anaqda* ou *anakanda; kaka* ou *kakaq* « frère aîné, sœur aînée », *adé* ou *adéq* « frère cadet, sœur cadette », *inang* « nourrice, gouvernante »

ciants indigènes dans leurs transactions écrites et dans leurs relations avec les Européens établis en Malaisie. — Le *bhâsa kachukan* « langage mêlé » ; c'est la langue des bazars. L'adoption des mots étrangers, poussée à l'excès sur quelques points de la Malaisie, a donné lieu à ce jargon de convention dont le malay n'est plus que la base, et que l'on pourrait appeler la *langue franque de l'archipel d'Asie.*

Les dialectes ne consistent que dans quelques différences de prononciation, dans le choix des pronoms personnels et l'emploi de termes locaux qui, pour la plupart, sont d'origine européenne. Les deux principaux dialectes sont celui de *Malaka*, qui est parlé sur les côtes de la péninsule, et que nous avons adopté parce qu'il est regardé comme le plus pur, et celui de *Padang* ou de *Menangkabaw*, qui règne sur les côtes et dans une partie de l'île de Sumatra, ainsi que dans l'intérieur de la péninsule. C'est ce dernier dialecte qui, plus ou moins corrompu et mêlé de mots hollandais, est parlé dans les colonies néerlandaises, tandis que, dans les possessions anglaises, on parle le dialecte de Malaka mêlé de mots anglais et portugais.

Les différences de prononciation portent principalement sur les voyelles, et nous avons vu que les plus variables sont *o-u* et *i-é*. Sur quelques points de l'île de Sumatra et de la péninsule, *a* final bref se prononce comme *ò* java-

deviennent *kakanda, adènda, inangda.* C'est ainsi que de *ibu* « mère » on a fait *ibunda*, d'où le mot *bùnda*, qui est passé dans le langage usuel.

nais, c'est-à-dire comme *o* dans « porte » ou *o* italien dans « amerò »; ainsi, les mots *hamba, ràja,* se prononcent *hambo, ràjo.*

Pour les consonnes, les variations ne consistent, en général, que dans le changement d'une lettre : *chuchi, jawat, shiksa,* etc., au lieu de *suchi* « propre, pur », *jabat* « toucher », *siksa* « punition », etc. Dans quelques mots, la lettre *r* est transposée : *reta* pour *arta* « biens, effets », *kreja* pour *kàrja* « travail ». Cette prononciation est même usitée dans le dialecte de Malaka, ainsi que l'adjonction de *m* ou *n* à la première syllabe de quelques mots : *kabiri,* ou *kambiri* « châtré », *sapi* ou *sampi* « bœuf », *upâma* ou *umpâma* « exemple, emblème », *lutar* ou *lŭntar* « lancer ».

SYSTÈME GRAPHIQUE ARABE-MALAY.

Pour faciliter l'étude des caractères malays, je vais les présenter classés arbitrairement suivant leur forme; je les donnerai ensuite dans l'ordre alphabétique.

Ces caractères se tracent de droite à gauche. Les lettres marquées du signe * dans le tableau ci-contre ne se rencontrent que dans des mots d'origine arabe ou persane.

Bien que, dans ce tableau, chaque lettre, à l'exception des six premières, figure sous quatre formes différentes, il est facile de voir que ces quatre formes se réduisent en réalité à deux : la simple et la prolongée. Prenons pour exemple le *ba* : pour que cette lettre conserve sa forme radicale (ب) il faut qu'elle se joigne à une autre lettre, à un *alif*, par exemple, ce qui donnera la syllabe ﺑﺎ *bâ* ; mais si la lettre est isolée, elle se prolonge pour prendre une forme plus complète, plus élégante : ﺏ: et maintenant si la lettre soit simple, soit prolongée, est liée à une lettre précédente, le trait de liaison qu'elle en reçoit la modifie ainsi : ﺒ ﺐ: le mot imaginaire *bâbâb* s'écrirait donc : ﺑﺎﺑﺎﺏ. Les six premières lettres du tableau ne peuvent se joindre à une lettre subséquente.

La syllabe ﻻ *là* est toujours figurée ﻻ ou ﻼ, et ce groupe se nomme *lam-alif*.

Dans les mots d'origine arabe le *t* final (ﺔ ﺖ) est ordinairement remplacé par ة ت.

NOM	FIGURE DES LETTRES				VALEUR
	ISOLÉES	FINALES	MÉDIALES	INITIALES	
Alif	ا	ـا	»	»	Support de voy.
Dal	د	ـد	»	»	D
Zal *	ذ	ـذ	»	»	Z, DZ
Ra	ر	ـر	»	»	R
Za *	ز	ـز	»	»	Z
Waw	و	ـو	»	»	W, U, O
Ba	ب	ـب	ـبـ	بـ	B
Ta	ت	ـت	ـتـ	تـ	T
Tsa *	ث	ـث	ـثـ	ثـ	S
Nun	ن	ـن	ـنـ	نـ	N
Ña	ڽ	ـڽ	ـڽـ	ڽـ	Ñ
Iya	ي	ـي	ـيـ	يـ	Y, I, É
Fa *	ف	ـف	ـفـ	فـ	F
Pa	ڤ	ـڤ	ـڤـ	ڤـ	P
Qâf	ق	ـق	ـقـ	قـ	Q
Aïn *	ع	ـع	ـعـ	عـ	Support de voy.
Gaïn *	غ	ـغ	ـغـ	غـ	G
Nga	ڠ	ـڠ	ـڠـ	ڠـ	NG
Hâ *	ح	ـح	ـحـ	حـ	H
Kâ *	خ	ـخ	ـخـ	خـ	K
Jim	ج	ـج	ـجـ	جـ	J
Cha	چ	ـچ	ـچـ	چـ	CH

NOM	FIGURE DES LETTRES				VALEUR
	ISOLÉES	FINALES	MÉDIALES	INITIALES	
Sin	س	س	ـسـ	ـس	S
Shin	ش	ش	ـشـ	ـش	SH
Sâd *	ص	ص	ـصـ	ـص	S
Dlâd *	ض	ض	ـضـ	ـض	DL
Tâ *	ط	ط	ـطـ	ـط	T
Tlâ *	ظ	ظ	ـظـ	ـظ	TL
Lam	ل	ل	ـلـ	ـل	L
Kaf	ك	ـك	ـكـ	ـك	K
Ga	ك	ـك	ـكـ	ـك	G
Mim	م	ـم	ـمـ	ـم	M
Ha	ه	ـه	ـهـ	ـه	H

La lettre ق, lorsqu'elle n'est pas consonne finale
muette (v. p. 25), indique une origine étrangère.

Le ف se prononce comme le ڤ (*p*) dans les mots qui
sont passés dans le langage usuel, mais il conserve le son
de *f* dans quelques mots moins usités. Quant aux autres
lettres marquées d'un astérisque, les Malais les prononcent
comme nous l'avons indiqué au tableau; cependant, ceux
d'entre eux qui savent l'arabe affectent quelquefois de
donner à ces lettres une valeur approchant de celle
qu'elles ont dans cette langue (1).

(1) ج égale *j* espagnol et est souvent transcrit *kh* ou *ch*; خ, ordinai-

Dans beaucoup de textes, le *pa* et le *ga* n'ont qu'un seul point diacritique, et les deux points du *iya* sont conservés sous la forme ﮯ.

ﮞ (*s* initial) est quelquefois figuré ﮮ.

Le *mim* de la forme ﮪ et les lettres de la forme ﮯ se placent au dessous de la lettre qui les précède : ﮤ, ﮥ, ﮦ pour ﮧ, ﮨ, ﮩ. Il en est de même, dans certains cas, du *iya* final : ﮫ pour ﮬ. Dans ces sortes de groupes, les lettres de la forme ﮭ se réduisent à un simple trait : ﮮ, ﮯ, ﮰ pour ﮱ, ﯀, ﯁.

pour ﯂, ﯃, ﯄.

VOYELLES ET SEMI-VOYELLES

ﺍ, ﻭ, ﻱ sont les trois lettres à l'aide desquelles se représentent les voyelles longues ; quant aux brèves, elles sont presque toujours supprimées dans l'écriture, à l'exception des initiales. ﻭ et ﻱ servent aussi à représenter les semi-voyelles (ou semi-consonnes) *w*, *y*, lesquelles ne se suppriment jamais.

En outre de ces trois lettres, il y a des signes orthographiques à l'aide desquels on peut indiquer les voyelles brèves, mais les Malais négligent toujours l'emploi de ces signes à moins qu'ils ne veuillent marquer la prononciation de noms étrangers.

rement transcrit *gh* est un *r* fortement grasseyé. ﻉ est quelquefois représenté par un accent grave posé snr la voyelle qu'il remplace. Pour ﺡ et ﺥ voy. p. 26.

Afin de faciliter les explications relatives à l'emploi des lettres ا, و, ى, je parlerai d'abord des voyelles initiales, puis des médiales et des finales.

Toute voyelle initiale (1) brève s'écrit par un simple *alif* : امفـون *ampûn*, pardon ; اقـم *upâma*, exemple ; استرى *istri*, épouse. Cet alif n'est, en réalité, qu'un support de voyelle, car, régulièrement, il devrait être accompagné d'un de ces signes orthographiques ou voyelles supplémentaires dont j'ai déjà parlé et que l'on trouvera plus loin. *Alif* support s'emploie également pour toute voyelle initiale longue ; si la voyelle est *ô* ou *u*, on l'écrit او comme dans اولر *ular*, serpent ; *i* ou *é* s'écrit اى comme dans ايت *itu* ; et *â* initial doit s'écrire آ comme dans آلت *âlat*, instruments, attirail. Mais il en est du signe ‾ (qui se nomme *medda*) comme des voyelles supplémentaires : on ne le marque jamais. Cependant il est un cas où il est nécessaire d'employer le medda : c'est lorsqu'un alif initial est suivi d'une semi-voyelle, comme dans آون *awan*, nuage, آير *ayèr*, eau ; sans le ‾ l'alif serait pris pour un support de voyelle, comme dans اولر et ايت.

Au commencement des mots, و et ى sont toujours semi-voyelles : ورن *warna*, couleur ; يڠ *yang*, qui.

Dans le corps des mots, toutes les voyelles brèves se suppriment ; alif équivaut donc à *â*, ou tout au moins à *a* pur, et و, ى sont toujours, soit voyelles longues comme dans روتى *rôti*, pain, رومه *rumah*, تيݢ *tiga*, soit semi-

---

(1) Ne sont pas considérées comme voyelles *initiales* celles qui sont supportées par une lettre équivalant à *h* muet.

voyelles comme dans كَوَن *kawan*, troupe, compagnon, كَايُو *kâyu*, du bois. Cependant il arrive quelquefois que, même au milieu d'un mot, alif n'est qu'un support de voyelle, parce que le mot s'est accru d'un préfixe qui n'a pas changé sa forme orthographique primitive, comme dans بَرَايِسِى *berisi*, « plein de », mot composé de ايسى *isi*, « le contenu », et de la particule بَر *ber*. ⚹

Souvent, les lettres و, ى peuvent être considérées soit comme semi-voyelles, soit comme voyelles longues : دُو « deux » peut se transcrire *duwa* ou *dũa*; اَى « il », *iya* ou *ĩa*.

Les voyelles finales *u*, *o*, *é*, *i*, tantôt s'écrivent, tantôt se suppriment; ainsi le mot *lâri*, courir, s'écrit لَارِى, et *mati*, mort, مَت; *bulu*, poil, بُولُو, et *lâlu*, passer, puis, لَال. A l'égard d'un grand nombre de mots, on est libre d'écrire ou de supprimer la voyelle finale : كَم et plus ordinairement كَمِى *kâmi*, nous: كَمُو et plus ordinairement كَم *kâmu*, vous.

Dans quelques mots d'origine arabe ى final se prononce *a* : اللّٰه تعَالى *Allah taala*, le Très-Haut.

Alif final se prononce toujours *a*, mais, dans les textes corrects, il n'est guère employé que pour quelques mots arabes.

Les pronoms et particules suffixes, lorsqu'ils déplacent l'accent d'un mot, en modifient la forme orthographique: نَام *nâma*, نَمَاپ *namâña*; اِينِ *ini*, اِنِيلَه *inīlah* (v. p. 27).

⚹ et dans بَرَاِستِرِى *ber-istri*, marié.

SIGNES ORTHOGRAPHIQUES.

Le *hamza* (ء) est le seul signe dont les Malais fassent un fréquent usage. Il tient ordinairement la place d'un alif : سَورغ pour ساورغ *sa-orang*, مريكَئِت pour مريك ايت *marika-itu*.

L'emploi du *medda* (~) a été expliqué p. 83.

Le *baris di atas* (´) indique que la consonne sur laquelle il est placé porte sur *a*, *è* ou *e* : مَاتَ *mata*, œil.

Le *baris di bawah* (ʅ) indique le son *i* ou *é* : مَاتِ *mati*, mourir, mort.

Le *baris di hadapan* [1] (ُ) se prononce *u* ou *o* : كَامُ *kâmu*.

Ces trois derniers signes sont donc, comme le hamza et le medda, des voyelles supplémentaires. Quand on les applique à ا ils doivent être accompagnés d'un hamza : اِسلاَم *islàm*, musulman.

Le *jezm* ou *baris mati* (ْ) est le signe des consonnes mortes : اُنْتْغ *ûntong*, chance; اَغْكَو *angkaw*, toi.

Le *wesla* (ۤ) ne se place que sur alif initial de quelques mots arabes pour indiquer que cet alif est muet : بِسْمِ اللّهِ *bismi 'llahi*, au nom de Dieu.

Le *teshdid* (ّ) indique le redoublement d'une lettre : تَمَّت *tammat*, fini, fin.

---

1. *Baris*, trait, ligne, rangée: *di hadapan*, en avant; *di bawah*, au-dessous; *di atas*, au-dessus.

L'emploi de tous ces signes est obligatoire pour les Musulmans lorsqu'ils citent des passages du Coran.

Le *angka dua* ou *chiffre deux* (٢) est très-usité comme signe de réduplication : كِرَا kira-kira, بَرْكَنْتِ berganti-ganti. مَنْچُورِ menchuri-churi (v. p. 56).

ALIFBATA — ALPHABET.

ا ب ت ث ج چ ح خ د ذ ر ز س ش

ص ض ط ظ ع غ ڠ ف ڤ ق ک ݢ ل

م ن و ه ی ی پ

CHIFFRES.

Contrairement aux lettres, les chiffres malays se posent comme les nôtres, de gauche à droite, suivant le *système indien* que les Arabes ont adopté et qu'ils nous ont transmis (1), et que nous appelons, pour cette raison, *système arabe*.

١	٢	٣	٤	٥	٦	٧	٨	٩	٠
1	2	3	4	5	6	7	8	9	0

١٠	١١	١٢	٣٠٠	٥٩٠٦
10	11	12	300	5906

(1) Suivant une autre opinion, les chiffres arabes ne seraient autre chose que les chiffres romains modifiés et abrégés. (L. A. Sédillot, *Lettre sur l'origine de nos chiffres*, Rome, 1863.)

SYSTÈME GRAPHIQUE JAVANAIS

Les indigènes de Java employant quelquefois leur alphabet national pour correspondre en malay, j'ai pensé qu'il serait utile de faire connaître ici cette écriture. Elle se trace de gauche à droite comme le *dévanagari*, sur les principes duquel elle est fondée.

HAKSÒRÒ	PASANGAN	VALEUR EN MALAY.	HAKSÒRÒ	PASANGAN	VALEUR EN MALAY.
		Pa.			Ta.
		Sa.			Ka.
		Na.			Ra.
		Da.			La.
		Wa.			Ga.
		Da*.			Ya.
		Cha.			Nga.
		Ja.			Ba.
		Ma.			Ña.
		Ha.			Ta*.

(*) Les deux lettres marquées de ce signe sont des consonnes cérébrales, comme le *t* et le *d* anglais ; mais les Javanais les emploient souvent pour la transcription du ط et du ث.

Tout *haksòrò* ou *pasangan* porte sur *a* ou *ò* (1) s'il n'y a pas d'autre voyelle marquée; ainsi la lettre ·· représente à elle seule la syllabe *pa* ou *pò*. Les autres voyelles s'écrivent ainsi :

··· *pe*, ··· *pi*, ··· *pu*, ··· *pé* ou *pè*, ··· *po* ou *pò*.

Lorsqu'une consonne est privée de voyelle, comme le *k* du mot *haksòrò*, on l'indique en la faisant suivre d'un pasangan : ··········· Telle est l'utilité des pasangan. Le petit trait · placé à la fin du mot 'est un signe de ponctuation (2).

Tous les pasangan se placent au-dessous des haksòrò, à l'exception de ···, ···, ··· (*p*, *s*, *h*).

Lorsqu'un pasangan porte sur une voyelle autre que l'inhérente, cette voyelle se place comme si elle appartenait à l'haksòrò qui précède le pasangan :

··········· *sampé* (sampêy); ··········· *tuwanbolé* (tuan bûléh) (3).

Lorsqu'une consonne morte se trouve être la dernière d'un mot (d'un mot isolé ou d'un groupe de mots), l'ab-

______

(1) La voyelle inhérente se prononce *a* ou *ò* (voy. p. 78), suivant des règles dont nous n'avons pas à nous occuper, puisqu'il ne s'agit ici que de la transcription du malay.

(2) Ce signe, qui se nomme *pòdò*, équivaut à une virgule, à un point-virgule, à un point. Il est quelquefois redoublé, ·. Le *pòdò bab*, *ǁ*, se place au commencement d'un chapitre ou d'un alinéa. Le signe ÷ s'emploie surtout après les chiffres.

(3) Les Javanais ne séparent pas les mots dans leur écriture; d'une phrase ou d'un membre de phrase il ne font qu'un seul mot.

sence de voyelle finale s'indique par le signe ꧀ qui se
nomme *patèn* : ꦠꦸꦮꦤ *tuwan*.

ꦲ est un *h* muet, un simple support dont l'emploi est
indispensable pour écrire les voyelles initiales, ou lorsque
deux voyelles se suivent.

Aux lettres qui figurent au tableau, il faut ajouter le
pò cherek, ꦉ ꦉ, qui se prononce *re*, et le *ngò lelet*, ꦊ ꦊ
qui se prononce *le*. Ces deux lettres remplacent les syllabes ꦉ ꦊ qui sont inusitées sous cette forme graphique.

Les consonnes étrangères à la langue javanaise se représentent à l'aide de lettres pointées :

Caractères malays :   ف   ش   ذ   ز   ج   خ   غ
Caractères javanais : ꦥ꦳   ꦯ꦳   ꦢ꦳   ꦗ꦳   ꦕ꦳   ꦏ꦳   ꦒ꦳

SANDANGAN.

Les sandangan sont des lettres ou signes qui entrent
dans la composition de certaines syllabes. Ces caractères
sont ainsi nommés parce qu'ils s'adaptent, en quelque
sorte, aux autres lettres (*sandangan*, vêtement). Nous
avons déjà vu le *patèn* ꧀ et les cinq voyelles, savoir :
le *pepet* ꦼ (e), le *hulu* ꦶ (i), le *suku* ꦸ (u), le *taling* ꦺ
(é ou è) et le *taling tarung* ꦺ—ꦴ (o ou ô). Voici les autres
sandangan :

Le *wigñan*, ꦃ (h), le *chechak*, ꦁ (ng) et le *layar*, ꦂ (r) ne
s'emploient que comme consonnes mortes (terminant une
syllabe) : ꦱꦸꦢꦃ *sudah*, ꦲꦺꦴꦫꦁ *orang*, ꦠꦶꦁꦒꦭ꧀ *tinggal*,
ꦠꦂꦲꦺꦴꦂꦩꦠ꧀ *terhormat*, « très-honoré. »

Le *chòkrò* ⸱⸴ ou ⸝ est un *r* médial : ⸴⸴⸴⸴ *tradn*. ⸴⸴⸴⸴ *jèndral*, « général. »

Le *keret* ou *chòkrò gantung* ⸴⸴ se prononce *re* comme le ⸴⸴. mais il ne s'emploie que joint à une consonne comme le *chòkrò* : ⸴⸴⸴⸴ *bresih* (M. *brisih*, pur, propre).

Le *pingkal*, ⸴⸴, qu'il ne faut pas confondre avec le *patèn*, est un *y* joint, comme le *chòkrò*, à la consonne qui le précède.

Remarque. — Les *pasangan* ⸴⸴ ⸴⸴ ⸴⸴, lorsqu'ils reçoivent un *suku* ou un *chòkrò*, conservent la forme *haksòrò* : ⸴⸴⸴⸴⸴ *hannakku* (*anaq-ku*) (1).

CAPITALES.

Voyelles : ⸴⸴ A. ⸴⸴ É, È, ⸴⸴ I, ⸴⸴ O, ⸴⸴ U.

Ces voyelles peuvent réellement être considérées comme des lettres capitales, car elles s'emploient comme voyelles initiales (sans ⸴⸴ support) pour des noms propres, comme ⸴⸴⸴⸴ *Allah*. Quant aux consonnes, elles ne peuvent, en aucune façon, être comparées à nos capitales; si elles sont usitées pour certains noms ou titres, c'est aussi bien dans l'intérieur des mots qu'au commencement, et, dans bien des cas, leur emploi

(1) Dans les transcriptions javanaises, beaucoup de consonnes sont redoublées : *hannak* pour *hanak*, *janyngan* pour *jangan*, etc. En écrivant ainsi le malay, les Javanais ne font que se conformer à leur propre orthographie.

ne dépend que de certaines règles orthographiques ou étymologiques.

Haksòrò : ᮅ et ᮞ *sa ;* ᮔ *na ;* ᮊ *ka ;* ᮌ *ga ;* ᮙ *ña ;* ᮘ *ba ;*
ᮕ *pa ;* ᮒ *ta ;*

Pasangan : ᮒ *ta.*

Cette dernière lettre est très-usitée dans les transcriptions, après ᮔ et quelquefois après ᮕ et ᮒ : ᮙᮤᮔ᮪ᮒ *minta,* demander, prier.

Les caractères que j'ai employés pour la démonstration du système graphique javanais appartiennent au type *incliné* et *arrondi.* Cette forme est celle dont se rapproche l'écriture cursive ; mais les livres sont généralement imprimés en caractères *droits* et *carrés,* dont voici un spécimen :

EXERCICES DE LECTURE

روم راج هرث دكاءن آير هوجن بابي هوتن رنتي قيرق كايو
اڤيء قيسو چوكر سيڠ مالم لاك استري بسر كچيل جول بلي دو
نيك لبد كورڠ انق لاك٢ سودار قرمثون آيم جنتن بتين
لاد ميره اين هوت يڠ باڤق ايت بنو چين نڬري ملاك اورڠ
قوته الث اي اثكو سكلين كام قدام قد كامي اولهم قداڤ
دڤن دي جك كداقت كوبري

سهاي ساي بهاس بهارو تون تونهمب توهن الله باق بقالك
انقلك قارسڤ نينق قوپ كدي

قد زمان سلطان اسكندر نتي مو هندق سده تله بير كيت
بوت سورة تيباد بوله نيداله تاوسه تداقت بوكن بلم سفاي
جاڤن انته كڤل قورڠ اتو قرمثق يا نيدق ممبري اكن سورڠ
هنتر كڤد سام سمان دما، كمان دانس كوڠ نايق كائنس
بوكت دربتاوي سمڤي كسيعقور

اوبت مغوباتي بايق ممبايكي (ممبييكي ou) سام ممهاءي
اد مغداكن جاد سنجديكن لال مللوكن مللوءي دائڠ دائتڠكن
مندتاڤي

بهو سسڤڠكهن (سڠ ou) ادالر ادان ادڤون سبرمول شهدان
تمباهن اركين كلكين كمدين دان لا ك حتي وبعده
هاري احد اثنين ثلاث اربع خميس جمعة سبت سقتو مڠكو

28* : Rumah râja, harga dagangan, ayèr hujan, babi hutan, rantèy pèraq, kàyu âpi, pisaw chukur, siang màlam, laki istri, besar kechil, jual bli, dua tiga, lebéh kûrang, anaq laki-laki, sudâra perampuan, ayam jantan, betina.

30, 31 : Làda mèrah ini, harta yang bañaq itu, benua china nagri Malaka, orang putéh, âku. ia, angkaw săkaliăn, kâmu, padamu, pada kâmi, ûléhmu, padaña, dengan dia, jika kudâpat, kawbri.

32, 33 : Sahaya, sâya, bahasa, baharû, tuan, tuan-hamba, Tuhan** Allah, bâpa, bapaku, anaqku, parăsña, nénéq puña kădèy.

34, 35 : Pada zèman sultan Iskandèr; nanti. maû, hăndaq, sudah, telah; biar kita buat surat; tiada bûléh, tiadalah, tausah, tidàpat, bukan, belŭm, sŭpàya jangan; antah kapal prang ataw perŭmpaq; ya, tidaq; membri akan saorang, hantar kapada; sâma, samaña, di mâna, kămâna, di atas gunŭng, năiq kăatas bukét, déri Batawi sampèy kă-Singa-pura.

43, 44 : ûbat, mengŭbati, baiq, membaiki (*ou* membăyiki), sâma, meñamai, ada, mengadakan. jadi, menjadikan, lalu, melalukan, melalui, datang, datangkan, mendatangi.

71 : Bahwa sesŭnggŭhña (*ou* seña), adalah. adaña, adapùn, sebermula, shahadan, tambahan, arkiăn, kălakiăn, kemdiăn. dan lagi, hata, wabâdhu.

73 : Hari hâd, isnin, selâsa, arba, kamis, jimat, sabtu (*ou* saptu, minggo.

Maka, jadi, isi, sampèy, meñurŭh, serta, sudah.

(*) Ce numéro indique la page où l'on trouvera la traduction de l'alinéa.

(**) Ce mot s'écrit ainsi lorsqu'il s'applique à Dieu.

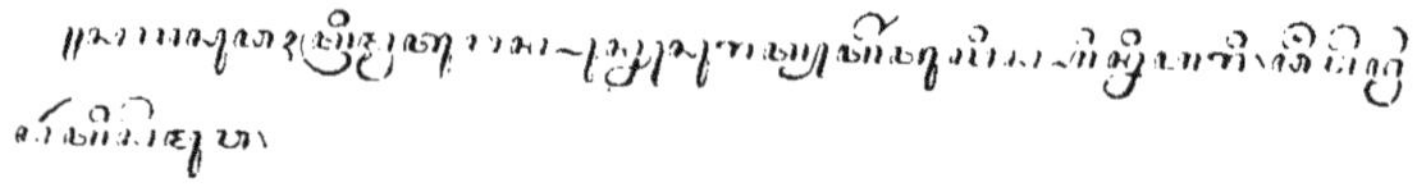

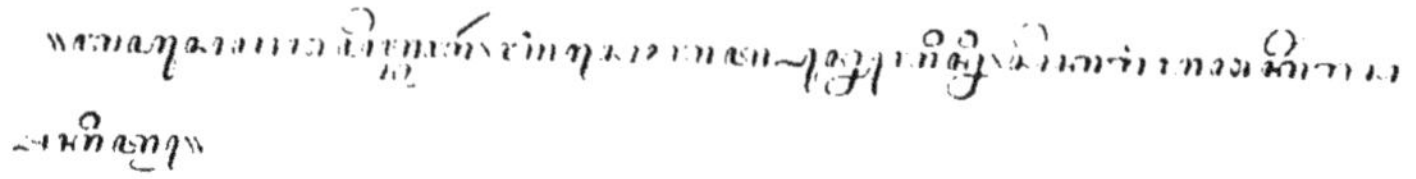

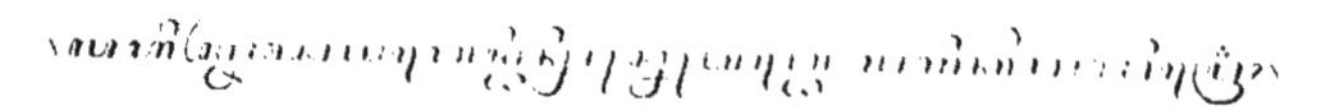

Sayasudahtrinmatuwanpunñasurat tertulis-hinnihari, dengngenmengartisemuwa. — *Sâya sudah trima tuan puña* (1) *surat tertulis ini hari, dengan mengarti sàmua*, j'ai reçu votre lettre écrite ce jour, avec comprendre tout (et je l'ai comprise entièrement).

Bahusayadapetkabar ñangsôbatpunñabinni sekaranghadakerrassakit — *Bahwa sâya dapat kabar ñang* (*yang*) *sohbat puña bini sakarang ada kras sakét*, voici que je trouve la nouvelle (j'apprends, j'ai appris) que votre épouse maintenant est gravement malade (*sohbat*, صحبت « ami, » locution pronominale).

Lahin trada; saya hèn binni punña tabbé, lagi kepada mifro, pas autre (chose à vous dire), de moi et (holl. *en*) de ma femme les compliments (*tabéq*) ainsi qu'à Madame (holl. *mevrouw*).

(1) Entre deux voyelles, le son *ñ* s'écrit toujours *nñ*. Le *ñ* pasangan n'est lui-même qu'un *n* joint à un pingkal.

FIN.

PARIS. — IMP. VICTOR GOUPY, RUE GARANCIÈRE, 5.